银行网点营销系列

# 银行网点营销案例

徐 军◎著

中国经济出版社
CHINA ECONOMIC PUBLISHING HOUSE

·北京·

# 图书在版编目（CIP）数据

银行网点营销案例/徐军著．

北京：中国经济出版社，2018.3（2020.9 重印）

ISBN 978-7-5136-5018-2

Ⅰ.①银… Ⅱ.①徐… Ⅲ.①商业银行—市场营销学 Ⅳ.①F830.33

中国版本图书馆 CIP 数据核字（2017）第 302328 号

| | |
|---|---|
| 策划编辑 | 牛慧珍 |
| 责任编辑 | 贾轶杰 |
| 责任印制 | 马小宾 |
| 封面设计 | 任燕飞工作室 |

| | |
|---|---|
| 出版发行 | 中国经济出版社 |
| 印 刷 者 | 北京柏力行彩印有限公司 |
| 经 销 者 | 各地新华书店 |
| 开　　本 | 710mm×1000mm　1/16 |
| 印　　张 | 13.25 |
| 字　　数 | 169 千字 |
| 版　　次 | 2018 年 3 月第 1 版 |
| 印　　次 | 2020 年 9 月第 4 次 |
| 定　　价 | 48.00 元 |

广告经营许可证　京西工商广字第 8179 号

**中国经济出版社** 网址 www.economyph.com 社址 北京市东城区安定门外大街 58 号 邮编 100011

本版图书如存在印装质量问题，请与本社销售中心联系调换（联系电话：010-57512564）

**版权所有　盗版必究**（举报电话：010-57512600）

国家版权局反盗版举报中心（举报电话：12390）　　服务热线：010-57512564

# PREFACE 推荐序

随着近年来国内经济的迅速发展，居民财富新需求越发多样，在互联网+金融的大潮下，银行业也开始思变，以期在这迅猛的浪潮中掌握主动。社区金融作为银行变革的试验田，在零售客户开发、客户关系维护、银行产品推广、品牌口碑建设等方面与传统支行的运营模式相比有着明显的差异性，深入社区、因地制宜，营销的方法多种多样，如何有效地将投入转化为产出，则需要一定的方法论，借用古人的智慧，兵法谋略可为我们指点一二。

本书从个人到团体、从活动到营销，用"三十六计"从多个角度为我们打开了社区营销的新思路，吸引客户要落到细节、需求了解要戒骄戒躁、品牌宣传要打破常规，书中一个个真实的案例能让人深刻感受到银行人精益求精、细致入微的客户服务理念。

作为吸引客户的高效手段之一，社区化营销与推广能让银行深入到客户中去。在充分了解客户需求的基础上，社区网点往往能够更为牢固地维持客户关系，其灵活的运营方式也在无形中拉近了银行与客户的距离。加强跨界合作，充分发挥开放性思维，主动创新业务模式……这些举措都在拓展业务边界的同时为整个银行金融的发展注入了新活力。

在本书中，可以看到发现目标客户的策略，可以看到发掘客户需求的方法，可以看到维护客户关系的手段，可以看到业务创新的思路。本书不仅给出了银行社区营销的三十六计，还对每一个策略进行了生动的案例说明和解析，非常值得一读。

杜中文

九江银行总行信用卡中心总经理

# PREFACE 自序

我自2012年起一直在从事银行网点营销活动的咨询辅导工作,这几年来,在经历了几百场不同的营销活动后,我一直在思考与总结这其中成功案例与失败案例之间的关系,最后还是看了《孙子兵法》后恍然大悟。《孙子兵法》云:"上兵伐谋,攻心为上。"意思就是营销并不一定非得真枪真刀去拼杀,而是要用真诚锁住客户的心。营销的最高境界应该是润物细无声地把产品渗透给客户,而不是强买强卖,所以这本书就顺势而出,以108个真实的案例告诉我们,如何做到不战而屈人之兵。

中国的银行业面临着新的发展机遇,同时面临的竞争压力也更大了,一场银行营销战的硝烟已经在神州大地上弥漫。面对优质客户"奶酪"逐渐流失的危机,面对竞争对手带来的"全能银行"和"全球银行"的杀气,银行如何以全新姿态,通过社区营销打开新局面?《银行网点营销案例》一书恰恰就是一部银行营销实战宝典,它将为你奉上银行社区营销最新的"作战守则"和"战争攻略",还有许多业绩斐然的营销人员的作战心得。

本书是一部银行支行行长和业务主管有效拓展市场的制胜宝典,也是银行客户经理快速提高营销能力的必备参考书。作为现代商业活动的实战工具书,本书的四个部分——单兵作战、联合作战、混合作战、精兵作战均化用三十六计中的谋略,这既是对原典的重组与灵活运用,又体现出了思维的创新和思想的提升。

俗话说"吃水不忘挖井人",此书之所以能够出版发行,我得感谢在我生命中对我帮助最大、最重要的八位贵人,如果没有他们的教诲、付出、指导、信任与帮助,也没有我今天的发展与成就。他们分别是我的父亲、母亲,他们不但给予了我生命,还教导我从小培养不屈不挠、勇于拼搏的精神;我的妻子曹娟女士,这些年如果没有她对我事业的支持、对家庭的付出,我就不可能把心思完全投入到银行辅导与培训的工作上;我的兄弟职业培训师郭乾平先生,如果没有他在2008年最初对我的引导,我就不会在内心种下成为一名培训师的种子;我的导师深圳市卓越成长管理顾问有限公司的卞维林先生,是他真正把我引入银行咨询的道路,教会了我最基本的方法论,虽然在卓越成长只待过短短2年多时间,但却是我人生最大的转折点;我的朋友桂林银行南宁分行社区旅游金融部总经理吴成龙先生,是他对我的信任让我于2014年初就开始涉足社区银行咨询辅导,并且让我的理论体系逐步完善;我的贵人桂林银行行长助理邓明慧女士,是她让我在银行咨询辅导的实践中得到快速的成长与提升;我的老板深圳宝安桂银村镇银行董事长朱继军先生,是他让我浴火重生,把我带入了银行经营管理的实际工作中,让我从理论真正走入实践,并且如明灯一样一直引领着我探索前行的方向。

这一路走来,为我提供帮助的人真的太多太多了,我无法一一列举,感谢所有支持我、帮助过我的朋友们!谢谢你们!因为你们让我的生活更精彩!!

徐 军

2017年12月12日于深圳

# PREFACE
## >>> 前言

中国古代"三十六计"均系依据《易经》中的阴阳变化之理及古代兵家刚柔、奇正、攻防、彼己、虚实、主客等对立关系相互转化的思想推演而成,含有朴素的军事辩证法的因素。六六三十六,数中有术,术中有数。阴阳燮理,机在其中!在感慨古人非凡智慧的同时,深感他山之石,可以攻玉。这部军事谋略奇书的计谋也可用于指导银行社区营销的战略战术。事实上,营销是多方的博弈,有客户、有对手、有我们的合作伙伴等,因此,这是需要动脑的工作。银行社区营销员借用古人的兵法谋略,将会在营销实践中起到事半功倍的效果。

本书分为四大部分:第一部分为个人篇,讲单兵作战,指出在银行社区营销中单兵的力量,强调营销员学习"三十六计"的精髓,创新实战策略;第二部分为合作篇,讲联合作战,其中的几种合作模式可谓各有千秋;第三部分为活动篇,讲混合作战,强调营销活动应该围绕活动的团队、场所或环境,来创造客户体验的效果,还应时刻以"调动客户参与的积极性"为出发点和落脚点;第四部分为营销篇,讲精兵作战,指出新时代和新技术条件下对营销的要求。这四个部分都主要通过案例来展示,从中可以感受到许多银行在社区营销实践中的不同风采。

兵家独具诡谋,实非常理可测。本书的"三十六计"是对兵法的化用，是取我所需的一种重新整合形式，即根据实际需要，对原典的战术谋略灵活运用，取其精神，形成一个有机的整体。这既是语言的创新，又是思想的提升。

　　本书有108个实战案例，全部取材于银行的真实案例，囊括了银行社区营销的常见活动形式和营销方案，对银行在营销战略上的合理布局有重要的指导作用。兵法以攻心为上，银行的社区营销也是如此。如何才能抓住客户心理？相信看完本书，你定有收获。

# CONTENTS 目录

## 第一部分　个人篇——单兵作战

在银行社区营销过程中，"单兵作战"应该既包括个人作战，也包括网点员工的小团体作战。学习"三十六计"的精髓，可以创新出许多实战策略。这一部分中的争揽客户、声东击西、笑里藏刀、欲擒故纵、答疑解惑、业务拓展、暗度陈仓、投其所好、诱之以利、动之以情等，都是三十六计在营销实践中的化用。

### 第 01 计　争揽客户　/ 003
案例 1　邮储银行保险营销经理的渐进式销售技巧　/ 003
案例 2　邮储银行某支行理财经理的四字诀窍　/ 005
案例 3　某银行在网点门口利用免费豆浆吸引客户到访　/ 007

### 第 02 计　声东击西　/ 009
案例 4　某银行客户经理在社区银行的一天　/ 009
案例 5　某银行客户经理深入社区谈合作　/ 011
案例 6　民生银行走进社区，做您家门口的"贴心银行"　/ 012

### 第 03 计　笑里藏刀　/ 017
案例 7　明星理财经理吴家珍狠抓余额沉淀，真诚服务客户　/ 017
案例 8　某银行网点理财经理黄海全为"外来工"提供服务　/ 019
案例 9　保险经理邱实用真诚服务换来营销业绩　/ 021

## 第 04 计　欲擒故纵　/ 024

案例 10　不争论、善忍让，最后搞定大客户　/ 024

案例 11　广州某邮储支行 POS 机营销拴住大客户　/ 025

案例 12　保险营销制胜利器——攻心为上　/ 028

## 第 05 计　答疑解惑　/ 031

案例 13　银行专家为客户答疑房子问题　/ 031

案例 14　某农商银行领导通过电话为客户答疑解惑　/ 033

案例 15　保险经理刘益云发展保险业务心得　/ 034

## 第 06 计　业务拓展　/ 036

案例 16　邮储银行某网点的"走出去"社区开发案例　/ 036

案例 17　工商银行某分行的资产业务拓展案例　/ 040

案例 18　某银行营业所余额发展经验——拓项目，保余额　/ 041

## 第 07 计　暗度陈仓　/ 044

案例 19　从化某支行发挥代理金融优势，快、准、狠做项目　/ 044

案例 20　从化银信通重宣传、抓通关、促开口，营销从自己起步　/ 045

案例 21　平湖某储蓄所客户经理的陌生客户开发经验　/ 047

## 第 08 计　投其所好　/ 051

案例 22　精诚所至、金石为开，保险也能处处开　/ 051

案例 23　番禺某支行巧妙借力，资源置换，抱团开发　/ 053

案例 24　裕安某储蓄所理财经理谈"赞美销售"　/ 055

## 第 09 计　诱之以利　/ 058

案例 25　青岛某银行支行举行中秋贵宾客户答谢活动　/ 058

案例 26　某银行网点以产品吸引客户，以服务留住人心　/ 059

案例 27　中信银行某支行通过"游九水、吃樱桃"答谢贵宾　/ 060

## 第 10 计　动之以情　/ 063

案例 28　贵阳某社区银行开展关爱留守儿童结对帮扶活动　/ 063

案例29　桂林某社区银行举办"丽泽情"邻里节活动　／064

案例30　桂林某支行"暑假去哪儿"小小银行家暨快乐财富体验班活动　／065

## 第二部分　合作篇——联合作战

联合作战是一种大心胸、大格局、大气象。那些有成就的银行都是善于合作的高手，他们以利奇为主，引导对方，求同存异，了解人才，动察人性，谋相同的事，说团结的话，其造势引势之能不乏苏秦和张仪之风。例如商家联盟、交换合作、投贷联动、跨界创新、树上开花、利益捆绑、李代桃僵、浑水摸鱼诸计策，各有千秋，不同故事。

### 第 11 计　商家联盟　／069

案例31　桂林银行某支行与中心广场居委会共同举办大型创城活动　／069

案例32　中信银行某支行生活U社区联合多家银行推出全新O2O模式　／070

案例33　深度解析银行与P2P之间的战略合作　／071

### 第 12 计　交换合作　／073

案例34　兴业银行通过信托公司向中航地产贷款案例　／073

案例35　宇信易诚联手华为，制胜未来银行业　／075

案例36　代发工资，银企合作共赢稳发展　／076

### 第 13 计　投贷联动　／079

案例37　国家开发银行的股权直投模式　／079

案例38　招商银行的曲线股权投资模式　／080

案例39　北京银行与风险投资机构合作　／081

### 第 14 计　跨界创新　／083

案例40　平安银行用"跨界整合"思维做银行　／083

案例 41　光大银行跨界解决出行痛点　/ 085

案例 42　中信银行跨界整合出新品　/ 086

### 第 15 计　树上开花　/ 088

案例 43　浦发银行创意广告——你，是你自己的银行　/ 088

案例 44　台湾大众银行新颖的广告策划设计　/ 089

案例 45　香港汇丰银行广告的视觉冲击力和灵魂震颤力　/ 090

### 第 16 计　利益捆绑　/ 092

案例 46　农业银行某支行捆绑营销电子银行成效显著　/ 092

案例 47　工商银行某支行电子银行业务的捆绑营销　/ 093

案例 48　招商银行捆绑营销及差异化服务　/ 094

### 第 17 计　李代桃僵　/ 096

案例 49　一位建行个人理财中心主任舍小家、顾大家的事迹　/ 096

案例 50　某担保公司担保项目经理办理的抵押贷款案例　/ 097

案例 51　李代桃僵催款法：迫使债务人偿还欠款，赔偿损失　/ 099

### 第 18 计　浑水摸鱼　/ 101

案例 52　工商银行某分行"五到位"全力抓好旺季营销工作　/ 101

案例 53　邮储银行某分行抢抓有利时机，营销贵金属　/ 103

案例 54　华夏银行某支行抓机遇拓市场，全力营销城中村
　　　　　项目　/ 103

## 第三部分　活动篇——混合作战

　　混合作战是一种集群作战方式，现代商战中开展的活动营销也需要混合作战，关键是群体内各种要素齐全，才能形成搭配效果。活动营销即通过活动的方式进行营销，因此应该围绕活动的团队、场所或环境来创造客户体验的效果，还应时时以"调动客户参与的积极性"为出发点和落脚点，否则很难实现更好的经济价值。

第19计　固化活动　/ 107
　　案例55　农商银行某网点固化"照镜子"活动　/ 107
　　案例56　工商银行某分行固化流程培训，创新服务工作　/ 108
　　案例57　江南农商银行固化转型成效，推进升级力度　/ 109

第20计　主题活动　/ 111
　　案例58　潮州某银行网点举办"财神拜年送祝福"主题活动　/ 111
　　案例59　工商银行某分行丰富主题活动，提升员工精神面貌　/ 113
　　案例60　中信银行举办"大手牵小手——小小理财家"父亲节主题活动　/ 114

第21计　第二课堂　/ 115
　　案例61　渤海银行某分行举办第三届中医养生大课堂　/ 115
　　案例62　××市邮政客户尊享峰会暨财富人生论坛活动　/ 116
　　案例63　平安银行推出"小小银行家"系列课堂活动　/ 117

第22计　网点沙龙　/ 118
　　案例64　桂林银行某支行"家庭急救知识"沙龙活动　/ 118
　　案例65　邮储银行某分行开"厅堂微沙龙"助网点转型　/ 119
　　案例66　兴业银行某支行举办高端客户红酒品鉴沙龙　/ 120

第23计　路演活动　/ 122
　　案例67　交通银行举行"蕴通财富，伴您同行"路演活动　/ 122
　　案例68　江苏银行连云港分行举办普惠金融大型路演活动　/ 123
　　案例69　江西银行挂牌成立创意路演活动　/ 124

第24计　团购活动　/ 126
　　案例70　招商银行推出团购服务　/ 126
　　案例71　建设银行携手一汽大众举办大型团购会　/ 127
　　案例72　中国银行百城团购营销四重礼优惠活动　/ 128

第25计　体验活动　/ 129
　　案例73　农商银行某支行举办庆"六一"VIP客户亲子活动　/ 129

案例 74　建设银行金融亲子体验活动人气爆棚　／130

案例 75　农业银行某支行开展贵宾客户金融产品体验活动　／131

**第 26 计　节庆活动　／132**

案例 76　工商银行某支行节日业务宣传营销活动圆满"收官"　／132

案例 77　交通银行某分行在"双节"推出"天目瓷"系列产品　／133

案例 78　邮储银行某分行在"双节"推出实物金邮票　／134

**第 27 计　游园活动　／136**

案例 79　桂林银行某支行国庆、重阳双节游园会　／136

案例 80　邮储银行两支行开展贺新春、迎新年游园活动　／137

案例 81　招商银行某分行举办"小小银行家"亲子喜游园活动　／138

## 第四部分　营销篇——精兵作战

精兵作战是在新时代和新技术条件下对营销的要求，是营销在理念及组织、流程等方面的创新。精兵既可以是来自企业内部，也可以是引外援；既包括个人，也包括集体。这些力量都有助于企业树立形象、增加知名度。与此同时，对于企业所选择的任何一种营销模式，也需要由精兵来操作，这样才更能收到预期效果。这部分所展示的名人营销、能人营销、领导营销、关系营销等九个方面的成功案例，就是因为精兵在不同程度上发挥了作用。

**第 28 计　名人营销　／143**

案例 82　范冰冰将出任紫马财行的形象大使　／143

案例 83　黄觉为美利金融独白演绎"我是个 Loser 吗"　／144

案例 84　百度钱包全新宣传片，胡歌深沉告白　／145

## 第29计　能人营销　/ 146

案例85　某银行大堂经理的服务营销案例　/ 146

案例86　理财经理是这样提高转介销售成功率的　/ 148

案例87　客户经理成功挖转他行客户的营销案例　/ 149

## 第30计　领导营销　/ 151

案例88　工商银行某分行领导带头营销促进业务冲刺　/ 151

案例89　某支行行长抓住机遇抢市场，强化营销争份额　/ 153

案例90　中国银行开展网点支行行长对公营销策略培训　/ 154

## 第31计　关系营销　/ 156

案例91　商业银行关系营销的原则和方法　/ 156

案例92　交通银行建立双向选择的新型银企关系　/ 158

案例93　农商银行山西某支行的关系营销　/ 159

## 第32计　情感营销　/ 163

案例94　某股份制商业银行的情感营销模式　/ 163

案例95　建设银行通过My Love信用卡打"情感牌"　/ 164

案例96　农业银行走心营销，示范品牌年轻化新思路　/ 166

## 第33计　微信营销　/ 169

案例97　招商银行推出微信公众平台　/ 169

案例98　民生微信银行的多种营销模式　/ 170

案例99　中国人保财险通过微信营销卖保险　/ 172

## 第34计　短信营销　/ 174

案例100　深圳发展银行搭建新的短信服务体系　/ 174

案例101　某银行柜面网银短信营销心得　/ 175

案例102　银行业短信营销解决方案　/ 178

## 第35计　网络营销　/ 180

案例103　中信银行网络营销案例分析　/ 180

案例104　中国平安保险"2009我承诺"网络营销案例　/ 181

案例105　银行客户经理谈做网络营销　/ 183

**第 36 计　公益营销** ／186

　　案例 106　华夏银行以社会公益活动打造银行品牌　／186

　　案例 107　中国银行北京某分行积极开展公益活动奉献爱心　／188

　　案例 108　建设银行某支行组织员工参与"为爱同行"公益
　　　　　　　活动　／188

**参考资料来源** ／190

**后记** ／191

# 第一部分
# 个人篇——单兵作战

在银行社区营销过程中,"单兵作战"应该既包括个人作战,也包括网点员工的小团体作战。学习"三十六计"的精髓,可以创新出许多实战策略。这一部分中的争揽客户、声东击西、笑里藏刀、欲擒故纵、答疑解惑、业务拓展、暗度陈仓、投其所好、诱之以利、动之以情等,都是三十六计在营销实践中的化用。

# 第01计 争揽客户

作为银行社区营销策略三十六计的第一计,争揽客户强调的是银行网点在揽客方面要努力创新,因为只有揽到客户,网点的产能才会提升。在银行产品收益率不断下行的压力下,银行员工为了能够尽早地融入客户、拓展业务,既要对如何吸引客户有更深刻的认识,如服务+技巧,"诚、勤、细、新"等;也要通过活动吸引客户,如免费喝豆浆等。这一计说的就是这两方面的揽客案例。

## 案例 1

### 邮储银行保险营销经理的渐进式销售技巧

红霞是邮政储蓄银行某支行的保险营销经理,她在引导客户方面以真诚的服务态度、高度的责任感和专业的营销能力取得了不错的业绩。她认为,只有用真诚的服务态度和专业的营销技巧才能做好客户引导工作。下面是她的工作心得,从中我们不难发现她真服务、重技巧的工作特点。

2013年7月,我进入某支行。作为一名新员工,我牢记保险培训时老师提出的"以客户为中心"的服务理念。在工作中,无论到哪个营业网点,我始终坚持用真诚和热情去服务客户,做到尽职尽责。以真诚的服务态度、高度的责任感和专业的营销能力,在我入职的第×个月取得了良好的业绩：发展保险理财产品195万元，吸收储蓄300万元，并荣获"2011—2012年××邮政十大代理保险营销精英"称号。

作为银行保险营销经理，我必须学会渐进式销售技巧。在日常工作中，我按照一定的步骤和方法引导客户，发现客户的潜在需求。我以自己专业化的营销理念结合实际，通过以下几个步骤进行渐进式营销：

一是引导客户，增加接触机会。每位客户进入网点都有警觉性，如果直接上去介绍产品，客户会有抵触，而且会很反感，因为你是在推销，任何人都会反感推销。所以我们定位于给客户指引，帮助客户填写单子，解答客户提出的有关银行业务的疑问，才能更好地接近客户、引导客户，减少客户的警觉性，为我们后面切入产品的销售打下一个良好的基础。

二是感觉与事实的发现。感觉与事实的发现其实理解起来很简单，就是通过自己的询问引导发现客户的潜在需求点，多站在客户的角度上分析问题，清楚掌握客户的心理特点。这一步也不要急于销售产品，而在于多问少说。

三是针对客户需求点，有针对性地讲解产品特点。客户的需求通过我们引导已经被发现，在这个环节就需要围绕客户的需求去讲解我们产品相对应的特点。例如，一个客户，他对目前银行的储蓄利息节节攀升很苦恼，那我们就围绕产品通过每年分红给客户带来收益这个点讲解，而并不是把产品的优点都告诉客户，因为客户最关心的是他购买了这款产品能不能给他解决目前存在的问题。这款产品可能很好，但并不是客户需要的。所以要针对客户的需求和疑虑去讲解我们产品相对应的特点。关键在于把握客户的心理需求，与客户形成共鸣。

四是答疑。客户对产品有了足够的兴趣，肯定会有很多的疑问，这说明客户已经被产品的特点所吸引。在处理客户疑问情况时，注意切忌用一问一答式，回答客户的疑问时多引导客户，避免过多地被客户绕进产品问题的死胡同。答疑后再强调一下产品的收益和优点，让客户再次产生购买产品的欲望和决心。

五是促成说明。对客户的疑问进行了很好的处理以后,客户在犹豫思考时就是我们促成交易的最佳时机。促成在于把握客户的心理特点,把握时机。这时候要主动拿出投保单,询问客户有没有带身份证件。我们需要给客户下一个购买的决心,找一个购买产品的理由。这个在于前期对客户心理特点的把握,找到突破口。

六是产品说明书的讲解。讲解产品说明书先讲产品的特点和优点,以及认为客户非常感兴趣的地方,再去讲产品的投资费用,以及产品年限等问题。我们的目的是让客户清楚了解购买了一款什么样的产品,而且明白这款产品是非常好的,讲解需要把握细节。

七是客户服务。客户购买产品以后并不是销售的结束,而是销售的开始。在这里我们要把自己的联系方式留给客户,目的是让客户对产品有疑问的时候能够第一时间联系到我们,尽量降低因为对产品有疑问而产生的退单。而且定期与客户保持联系,我们要和客户建立的是一种理财关系,并不是单纯销售一单保险产品,这样为后期客户再次购买产品奠定良好的客户服务基础。

在日常营销工作中,无论面对怎样的客户,我总是用一如既往的真诚、耐心和贴心来化解客户的不满和疑虑。要服务好客户,除了要有真诚的服务态度和满腔的工作激情外,还要具备专业的营销技巧。两者是相辅相成的,这样才能向客户推荐合适的产品或产品组合,实现客户理财效益的最大化。

## 案例 2

### 邮储银行某支行理财经理的四字诀窍

雅兰是邮储银行某支行的理财经理,她认为,只有经过自身的努力,才能创造出更多的业绩。总的来说就是:我的业绩我做主。雅兰在银行业务营销中总结出四个字，即"诚、勤、细、新"。

所谓"诚"，就是要讲诚信。诚信是维系现代市场经济的基石，是与客户相互沟通的桥梁，在与客户打交道时只有真诚相待，言行一致，急客户所急，想客户所想，才能赢得客户的一份信赖，换取客户的一份诚心。因为自己对待工作的认真负责，积累了不少的优质客户。还记得××年12月，我行的存款压力非常大，我和我们的支行行长都急得不得了，不停地去联络金卡客户，想不到一位铂金卡客户了解情况之后，二话不说，马上从其他银行转了200万元过来。作为一个局外人竟能像朋友一样如此真诚热情地给予我那么大的帮助，这些都离不开客户对我的信任与支持。

所谓"勤"，就是要勤谈、勤跑。只有与客户进行经常性的沟通与交流，了解客户的动向，知晓客户的所思所欲，才能及时调整营销策略，捕捉商机，在激烈的商战中抢占先机。从××年开始，我行开始了对村镇社区和附近小商户的走访。经过对两个汽配公司的走访，我行了解到其中一家汽配公司有几宗个体户跨国生意十分兴隆，却经常因与国外的购货方之间没有达成一种良好的资金结算方式而影响生意。我从这条信息入手，告诉商户可以通过我行的汇款方式收取货款，终于使他们认识到这一结算方式的优势。这样，不仅商户经常来我行办理业务，还因此带来了余额存款。

所谓"细"，就是要细致入微。工作从细微处入手，在做出营销前对客户有充分的了解，知道自己的客户看重的是什么，需要的是什么，发掘合作的广阔天地，同时要细心观察，见人所未见，想人所未想，捕捉隐藏在事物背后的新商机。

所谓"新"，就是要创新服务方式。营销不能停留在传统的习惯思维和做法上，要将新的营销理念和服务方式有机地结合起来，最大限度地满足客户日益提高的服务需求。在春节期间市行组织的假日推介营销中，我们坚持"以理财方式进行宣传营销"的新思路，如针对春节期间学生放假、长辈给孩子压岁钱的有利时机，大力营销存款和保险业务，在营销教育储蓄等方面都取得了良好的效果。"你不理财，财不理你"已成为挂在嘴边的"口头禅"，以至于不少客户经常拿着宣传单找到我行要求帮忙理财，极大地带动了相关业务产品的销售。

在今后日益激烈的现代商业银行竞争中，需要的是综合业务素质过硬的复合型人才，如果不能紧跟时代的步伐，加倍努力地提高自己，最终面临的只能是淘汰。所以我要奋发向上，总的一句话：我的业绩我做主。

案例3

### 某银行在网点门口利用免费豆浆吸引客户到访

到访客户是银行创造网点产能增量的重要来源之一，为了吸引客户到访，某银行客户经理做了一个活动策划。首先，他向支行行长等领导建议，在网点门口利用免费豆浆吸引客户到访，只要客户进入门店就可以免费喝豆浆。这个活动面向的是周边小区通过宣传慕名而来的到访客户，以及当天老客户带来的新客户。建议一经提出，立即得到支行上下的一致拥护。

为了有效引导到访客户的活动范围，该客户经理还建议，在网点做动线规划并醒目地标示出来，这样既便于指引客户的脚步，其更深层的意义也在于左右客户的思想。客户经理很清楚动线的作用，事实上，在银行营业厅的硬环境中，如何将客户主观意识的动作进行改变和引导，让客户跟着营业厅营销服务的氛围走，网点的动线布局设计对于厅堂服务营销起到至关重要的作用。该网点标示的动线有喝豆浆的活动区及咨询区、产品展示区、理财专区、填单区等，使得客户能够按照网点所设想的去改变他们的行动路线。活动开始以后，客户慕名来到这里，既可以在活动区喝上营养丰富的热乎乎的豆浆，还可以在咨询区了解该银行的存储方式和理财产品等，而网点业务员则有问必答，耐心细致地解答客户提出的各种问题。很多客户在咨询区、产品展示区、理财专区之后来到填单区,购买网点产品。

该网点客户经理的创新做法效果显著,使人们大大超出了对"银行"的期待。很快,免费喝豆浆活动提高了网点人气,吸引了客户群的关注,扩大了其所属银行在该社区的影响力与认知度。显然,这就是一个有益的尝试,值得学习和推广!

吸引客户不是目的,通过管理提升网点产能才是重中之重。那么,对到访客户如何管理呢?到访客户管理的关键在于网点营销氛围、营销团队以及营销流程的有机整合,以实现对到访客户的充分激发。例如,通过氛围影响客户的心态和信念;实行"全员营销、专人销售";创造令客户安心的感觉,建立客户的信任等。

值得一提的是,吸引和管理客户的目的并非只是获取存款、稳定客户这么简单。要知道,未来银行的中间业务收入必须大幅提高,这就要强化营销能力,并拓展更多与银行业相关的业务,如代销保险、基金、资管计划、信托产品、贵金属业务等。这些是未来需要强化的,对银行来讲将是一个稳定的收入。

**策略点评**

当前,各商业银行面临着国际、国内的复杂环境,及全球金融业竞争格局和经营环境的重大变化。在巨大的存款压力下,纷纷从客户维护、市场拓展、考核激励等多方面入手,转变"存款立行"观念,走"服务立行""特色立行""效益立行"之路,力争打好存款争揽之战。

# 第 02 计　声东击西

声东击西，原指军事上表面声言要攻打东面，其实是攻打西面，使敌人产生错觉的一种战术。此计旨在造成敌方危机四伏的处境，我方则抓住敌人的混乱之势，出其不意地一举夺胜。在现代商战中运用声东击西之计，可以利用自己优势的产品，先以低价诱惑，待时机成熟以后，再推荐自己单价高、利润高的产品。银行深入社区做营销就是对声东击西之计的一种运用方式。

## 案例 4

### 某银行客户经理在社区银行的一天

作为兴业银行某社区银行的一员，卢倩每一天都在营造祥和的工作氛围。

8 点 30 分，卢倩来到网点，与同事一起参加晨会，交流心得，互换客户信息，每天如此。晨会结束后，卢倩会准备一些宣传单，抽空去附近的社区或者菜市场给大爷大妈们发放，讲解一些理财业务；碰到老客户，会和他们聊聊家常，说说趣事儿。

11 点，卢倩挨个打电话，确定下午来听法律讲座的大爷大妈名单。

14 点 30 分，卢倩在办公室摆放好椅子，准备好零食、水果和饮料，引导大爷大妈们开始当天的法律讲座。

"小卢啊，你们安排的法律讲座太实用了，我今天学到不少知识呢。下次再开，记得通知我过来，我顺便带朋友过来学习，他们肯定也很喜欢。还有这个'安愉人生'怎么办理呀？还真没听说过哪个银行专门给我们老年人设计这么好的金融服务方案呢！哈哈哈……"陈阿姨兴致勃勃地和小卢谈论着今天的讲座。

慢慢地，大爷大妈来得多了起来，附近的居民都知道这里有个兴业银行，他们谨慎而好奇地打听着银行的理财产品；年轻的群体就喜欢过来了解网上银行和信用卡业务……

卢倩和她的同事经常会听到客户这么说："你们兴业银行这么先进啊，两分钟就办好卡了，以前我在其他行办个卡少说也要半个钟头。而且银行还开在我们楼下，真方便，服务又好，办业务又不用排老长的队，办事效率真高！终于觉得在银行办业务不是件令人伤神的事儿了！"每每听到客户这么说，作为兴业人，卢倩的自豪感便油然而生。

19点，这个时间段经常会有客户散步路过，好奇着兴业银行的作业模式，也会进来了解情况或者小憩一下。有客户问卢倩："小卢，吃过饭没有？这么晚了，你们还开门呀，还能办业务？""是呀，阿姨，我们社区银行开到晚上8点呢，还能照常办业务、买理财。而且我们行还专为上班族设计了夜市版理财呢！下了班也能理财，而且收益率相对高于常规理财，销售时间是晚上6—12点。""这样啊，我还是第一次听说银行开这么晚呢！那我拿个理财单子回去给我儿子、儿媳看看，让他们也来理理财。"

夜幕初降，伴着月亮升起直到人流稀少，卢倩整理好客户资料，分别登记到开卡登记簿、客户基本信息登记簿、理财产品销售登记簿后，伸个懒腰，忘却腰酸背痛，忘却口干舌燥，关上社区银行的门，徜徉在温馨的灯火中，忙碌而充实的一天又过去了。

社区银行是兴业银行探索的服务模式之一，它类似金融便利店，称得上"居民家门口的银行"。而卢倩在每一天的工作中，融入社区，真诚服务，为兴业银行的"社区模式"探索做出了自己的贡献。

## 案例5

### 某银行客户经理深入社区谈合作

银行客户经理的一项重要职责就是深入居民社区，了解客户需求，根据客户的需求积极营销本行的产品和服务。下面我们来看看某支行客户经理郑强讲述的走进××家园小区，与物业公司谈合作的故事。

我支行在接到总行"尖兵营销"的活动方案后，作为客户经理，我认真分析我行所处地理位置，积极寻找能够开发的小区。我将目标锁定在距离309国道不远，与我行遥遥相望的××家园小区。××家园社区位于城乡接合部，南至昌国路，北至胶济铁路，西至世纪路，东至西五路，与我行距离较近。

××家园社区居委会是在2006年12月由××区人民政府批准成立的，于2008年在××家园挂牌办公。社区内共有××家园、××城市花园、××花园、×××家园4个小区，84栋居民楼，3252户居民，居民9000余人。社区基础设施较为完备，有建设银行、社区卫生服务站、华联超市、植物园、幼儿园等，是一个环境优美、整洁卫生、生活便利、安全舒适的新社区，也是我行周围比较具有可开发性的小区。了解了小区的基本情况后，我行决定以代收物业费、水费等为目的，走访小区物业公司，争取共同合作。

因为小区离我行很近，经常有住户来行里办理业务，于是我就跟小区的居民打听物业的情况、费用的收取方式以及居民是否愿意银行代收等情况。经过了解，物业办公室在小区门口的一座楼二楼办公，小区专门配备了4个工作人员每天轮流在办公室等候居民前去交物业费，收费方式为现金，一月一交。有居民反映这样的缴费方式很麻烦，表示愿意银行代收。

在了解这些情况后，我与物业公司的主管经理约定时间详谈合作事宜。物业公司主管的陆经理表示银行的这项业务初衷是好的，一方面减轻了物业的工作量，另一方面减少了收现金的麻烦，很愿意合作，并向总公司请示开立结算账户的事情。经过一周时间等待，陆经理回复总公司不是很认可这项业务，表示要继续磋商。

我向支行行长汇报了整件事情的情况。支行行长决定，要锲而不舍地朝着我们的既定目标努力，由销售主管与我一同拜访陆经理，希望事情能有所进展。就这样，销售主管和我再次拜访了××家园物业的陆经理。

陆经理表示，他回总公司后多次和财务老总谈到与我支行的合作意向，但以总公司名称开立的公司账户已经有三个，财务不想再开一个公司账户，不便于资金归结。此外，大部分居民的代发工资账户在建设银行而不在我行，物业代收扣款失败的概率较大，所以暂时不考虑与我行合作，继续采用现金收款的方式。

于是，我支行本次代收××家园社区物业费、水费等费用的计划以失败告终，但是我们发扬了我支行坚持不懈，不到最后绝不放弃的精神，在炎炎夏日，多次登门拜访。陆经理表示，愿意帮我行与总公司协商，也是被我们的精神感动了，但是没有合作成功，还是很遗憾的。

告别了陆经理，我和销售主管在回行的路上，一边总结这次开发小区失败的原因，一边在想我们的下一个目标市场……我们仍然要不断尝试开发小区市场，即使失败，我们也会继续努力！

## 案例 6

### 民生银行走进社区，做您家门口的"贴心银行"

社区银行被誉为通向客户的最后一公里。当下，国内银行加快社区金融战略布局，纷纷以社区银行为支点加速跑马圈地。事实上，居民更希望社区银行可以提供切合生活实际的产品与增值服务，成为社区居民的"贴心银行"，能将水、电、燃气、信用卡还款等业务通过网络就轻松搞定。为扮演好居民"贴心银行"的角色，著名私人银行民生银行某分行行长在一次会议上要求，要在每一个细节上都不断探索，并将之做到极致。究竟什么样的社区银行才是客户真正需要的？用该分行行长的话说："社区银行，不仅要给居民提供专业化的金融产品，更要提供热乎乎的情感服务和体验。"

第一，专业服务：量身定制理财方案。

"自从小区里有了社区银行，生活真是太方便了！""小区有了民生银行，我以后再也不用麻烦儿子送我到外边的银行存钱理财了。"说话的两位女士都是民生银行某分行服务的×××社区里的业主，如今已成为民生银行×××社区支行的忠实客户。

其实，在这家 20 多平方米的社区支行营业厅内，经常会听到类似赞许的声音。一天上午 10 时，市民王力刚走进民生银行社区支行大门，一名工作人员便端着热茶热情地迎了上来；了解到王力的理财需求后，持有 AFP 金融理财师执照的社区支行负责人肖嘉便细心地为王力家庭理财号起了"脉"。

目前王力夫妇有积蓄 3 万元，月收入共计 7000 元左右，光房贷每月就要花费 3200 多元，除正常开销外，结余所剩无几。开源受限，节流先行，肖嘉建议王力将商业贷款改为公积金贷款，以减轻房贷压力。考虑到接下来王力夫妇马上就要生小孩，既要财富增值又要保持现金流，肖嘉给王力开了"货币基金"和"基金定投"两副药方。前者风险小，流动性强，收益高于活期存款；后者则只需每月定投 500 元，长期持有，积少成多，实现家庭资产的稳步增长。

半个小时过后，拿着肖嘉为其量身定制的理财方案，紧锁眉头的王力舒展开了笑容，点赞不止："长这么大，去了这么多银行，这是第一次享受到了私人银行般的 VIP 待遇，而且还是在家门口，今后我家的理财都放到民生银行了。"

第二，贴心关怀：做小区居民好邻居。

一天下午4点，这家社区支行附近小学二年级学生韩晓和两个小伙伴放学后的第一站不是回家，而是信步来到社区支行饮水机旁接水喝，肖嘉一眼就认出了这个可爱的小女孩，边打招呼边关切地提醒："晓晓，水热小心烫着。"

除了有"小孩缘"，社区支行在老年人群体当中也是有口皆碑。2015年2月，70岁的退休职工刘阿姨像往常一样出门买菜时，看见自家楼下出现了一个民生银行网点。"最初看见民生银行时，因为好奇，我拎着菜想进网点瞧瞧，没想到工作人员立刻微笑着迎了上来，体贴地询问我的需求，临走时工作人员还不忘提醒我，天气寒冷要注意保重身体，那一刻感觉到了家的温暖。"她说。

在肖嘉看来，老年人对银行网点的舒适感会有更高的要求，这家社区支行如家般的舒适是通过点点滴滴的小细节来体现的。除了那些习以为常的老花镜、创可贴，还提供免费量血压、测血糖、送服务上门等一系列措施，将舒适升级，力争让银行成为社区街坊们名副其实的好邻居。

家住×××社区6栋13楼的刘大爷便是民生银行这一舒适升级的受益者。刘大爷60多岁，是某企业退休员工。别看上了年纪，刘大爷可是互联网"潮人"。2015年6月的一个周末，刘大爷犯了愁，来家里过周末的孙子动了一下电脑让电脑花了屏。怕耽误儿子工作，刘大爷抱着试试看的心态联系了×××社区支行。热心的肖嘉了解完刘大爷的情况，马上让支行"电脑通"小陈上门帮刘大爷修理电脑。现在，刘大爷不仅把自己其他银行存款全部搬到了民生银行，成了该行的忠实客户，而且逢人就说民生银行服务好。一年来，刘大爷前前后后带了十几个人前来开卡，办理业务。

第三，衣食住行玩：打造居民生活圈。

社区银行如何在夹缝中发展？这家分行的负责人表示，社区银行不仅要做社区居民的金融管家，也要从衣食住行玩入手，通过打造圈子，做社区居民的生活大管家，给客户提供热乎乎的情感服务和体验。

作为"家门口的银行"，这家分行打的是"生活大管家"的"感情牌"，除了针对社区居民生活提供的产品与服务，还在社区网点内举办社区免费体检、财富大讲堂、少儿财智训练营、高尔夫俱乐部、社区淘宝节等丰富多彩的活动，为社区客户提供包括健康、保障、出行、品质生活等在内的多项增值服务。

这一天，家住×××社区的张阿姨吃过晚饭带着孙子遛弯的工夫，就到小区里的民生社区银行买了一款理财产品，张阿姨的孙子也在银行的儿童游乐区找到了自己的"新大陆"——儿童娱乐区。

韩晓一家人都是这家社区支行"居民生活圈"的忠实粉丝。自从2015年中秋节前夕跟随外公在这里参加了月饼DIY活动后，韩晓就格外关注这家社区支行，"这里的叔叔阿姨很热情，很亲切，我最喜欢让爸爸妈妈带我来参加他们的活动。最近他们有个小小银行家活动，我第一时间就报名参加了。"韩晓说。

口碑在活动中集聚，小空间蕴藏着大能量。民生银行的这家社区支行在小区扎根仅一年的时间，小区内逾60%的家庭就选择并开立了该支行的银行卡，选择在小区内经办所需的各种金融服务，社区银行在物业及客户间形成了良好的口碑。

其实，发展社区银行，关键是营造情感体验。近年来，社区金融方兴未艾，备受关注，国内诸多金融机构和非金融机构争先恐后在社区金融上大显身手。提前布局，跑赢趋势固然是赢得未来的前提，但社区银行的发展并不是简单地铺设网点就能赢得客户。在互联网大潮席卷下，依旧沿袭传统银行人海战术和物理网点扩张的思路将事倍功半甚至一无所获。

发展社区金融在物理渠道落地的同时，关键是要做到服务模式下沉,具体来说就是将便民、利民、惠民深深地融入每一位小区居民的生活中,精准锁定目标客户,以高品质、人性化的服务,营造一种独到的情感体验,以此来赢得客户的信任,进而最终赢得客户的"最后一公里"。在这方面,民生银行这家社区支行的实践与探索显然值得认可和借鉴。

社区银行是银行探索金融服务的一种模式,社区银行在将金融服务融入社区居民生活的同时,也以社区支行为依托,服务周边社区的"生活圈",成为社区的好伙伴、业主的好邻居、物业的好帮手,同时也为自己业务的开展奠定良好的基础。

# 第 03 计  笑里藏刀

笑里藏刀，原指那种口蜜腹剑、两面三刀的做法，是一种表面友善而暗藏杀机的谋略。此计用在军事上，是运用政治外交上的伪装手段，欺骗、麻痹对方，以掩盖己方的军事行动。但是，笑里藏刀也可以做另一种解释。笑容本是人类一种美好的表情，更是世界通行的语言；而刀是一种实力的体现，代表了核心竞争力。因此，在做事的时候要表面柔顺，一切顺从对方的心愿，而内心刚强，做到实质强硬。银行员工对客户热情相助，体现了员工高水准的综合素质和银行"客户第一"的理念，正是运用笑里藏刀达到了营销目的。

## 案例 7

### 明星理财经理吴家珍狠抓余额沉淀，真诚服务客户

2011 年，吴家珍所在银行的余额、保险、银信通成绩在每个季度里各有起伏，但总体成绩却不尽如人意。客观环境上，吴家珍悉知对面他行即将搬迁到网点附近的商贸市场，商贸专业市场也有部分在市场经济影响下发生阵地转移现象。主观环境上，吴家珍已从事金融营销多年，在对客户需求开发上也出现过一些迷惘的疑惑状态，如客户的中长期理财投资并未得到预期的可观收益。这些内忧外患的条件变化都不得不使她重新审视并总结自己的经验能力，以求找到适合自己发展的新航

标。在与上级领导和同事的商讨中，吴家珍细心吸取他们的经验建议，决定审时度势在春节假日营销期间狠抓余额沉淀，以真诚的服务做好客户维护工作。在工作中，吴家珍主要抓好以下几项工作：

第一，客户维护工作到位，逐个击破。借助珍邮送福的活动契机，吴家珍把手头的万元客户分层归类并且邀约前来网点领取珍邮福礼品。在邀约时，吴家珍详细记录客户的需求和性格特征，并事后通过电话或短信和他们确定领取礼品的时间，这样就可以设计与客户需求吻合的小型理财沙龙来配合开展。遇到优质的潜在客户，要花费更多的时间和心力，要有不到黄河心不死的强大勇气。例如，新开发的贵宾客户梁女士，刚开始只是片面了解到她在该行存了2万元定期，通过活动后期跟踪，得知梁女士在其他几家银行都存有几十万元的定期。在和梁女士沟通了解后，梁女士也对吴家珍产生信任和支持，于是便决定将其在工行到期的18万元定期转存过来。由于梁女士不熟悉银行业务操作，在工行填写转账单时频频受挫，不耐烦地几乎想夺门而走。吴家珍了解这个情况后耐心地向梁女士解释银行业务，并且亲自教她填写工行单式，最后在工行门口等待她回来。这样几次交集过后，梁女士对吴家珍更为信任，之后又将其在他行的20万元转存为吴家珍所在银行的定期。现在每隔一段时间，梁女士基本上都会把其十几套房产的收租盈余存作该行定期，成为该行名副其实的"忠实粉丝"。

第二，重点新增万元户，实现余额沉淀质的飞跃。所谓"不积跬步无以至千里，不积小流无以成江海"，存量万元户的升级及新增仍是银行余额工作的重中之重。只有不断积累万元户的户数，才能使银行的余额沉淀实现质的飞跃。为此，吴家珍每天利用闲余时间勤记1万个5万元中高端客户联系簿，通知客户参加存款送积分活动；在营业厅引导客户办理业务时，只要发现客户存取款交易达5000元以上，都会详细解说新增万元可体验VIP服务；为客户解答疑难问题时也会借机询问客户资产配置情况，并劝说客户转存自己所在行。通过吴家珍孜孜不倦的努力，大多数客户对她都更为熟悉，并且听从她的建议陆续将他行的定期转存这家银行。

第三，协同团队运作，发挥团队精神。在整个营销工作中，吴家珍不仅想方设法与他行经理进行沟通，吸取更好的营销方式，更将自己的经验传授给每个柜员。每天夕会过后，吴家珍都会将自己积累的经验分享给团队的每个柜员，在日常工作中听到他们转介及与客户沟通中有哪方面做得不够，在工作以外都会对柜员一个个进行培训与纠正，从而让柜员都习惯性地说出当天发生的实际情况与吴家珍交流沟通，务求使下一个工作日的工作更加得心应手。遇到优质客户他们会勤开口、勤转介，认真填写关怀簿，这些为余额沉淀及保险的开展打下了良好的基础。整个团队的成员犹如发动机上的一个个小螺丝钉，看似微小，但当他们齐聚在一起时就能发挥巨大的力量，使整个团队一直向前。

吴家珍认为，客户的维护工作是长期的，也是可持续发展的。春节假日营销的点点滴滴给了她许多新的启迪和动力，在摸索的过程中她也看到了自己的不足。"路漫漫其修远兮，吾将上下而求索。"这就是吴家珍持之以恒的信念！

## 案例8

**某银行网点理财经理黄海全为"外来工"提供服务**

黄海全是某银行网点理财经理，曾获得"××区邮政系统先进生产（工作）者"称号，也多次获得保险公司颁发的荣誉证书。他的人生格言是："求知若饥，虚心若愚。"黄海全是这么说的，也是这么做的。下面是他对客户服务的心得体会。

××区××代理营业网点主要是以外来工群体为主心。在本地人眼中，"外来工"是受雇于各种工业企业的工人和低层的管理者，身份低下，没有知识。自2007年参加邮政工作以来，与外来工接触是我每天的工作。但我与他们相处起来，却觉得他们是淳朴的一类人。

作为邮政的一名理财经理，邮政与其他商业银行相比，没有先进的系统，没有高档的礼品，没有华丽的营业厅，但却有一颗为客户服务的心。我一直坚持"以客户为中心"的服务理念，以最大限度地满足客户需求为己任，以提高客户的满意度、忠诚度和贡献度为目标，从提高整体素质出发，把服务质量当作头等大事，不断优化服务流程，推动服务水平上台阶。现代社会很多东西都能复制，银行的理财产品能复制，但客户的服务和维护却不能复制，"以客户为中心"的真实含义不是如何从客户那里获得储蓄额的增长，而是如何利用柜所这个平台为客户提供更多的价值。以下是我工作上对客户服务的几点心得：

第一，沟通了解需求。了解客户要从沟通开始，当客户走进营业厅办理业务时，我特别注重与客户的交流。休息时间，我有时会到周围的店铺走访，保持与客户的联系，通过和蔼的态度、平实的语言，询问客户的经营状况，从而有效地增进了与客户的感情，初步掌握客户的基本情况，了解客户的爱好和需求。每当我行推出新活动时，第一时间将信息告诉有需求的客户。

第二，关怀赢得信赖。外来工群体是一群很敏感的人，他们身处异乡打工，其实付出你的关怀，便可能获得他们的信赖。春夏秋冬，每个季节有不同的需求，我会根据相应的需求送去对客户的关怀。春天，细雨绵绵，我会送雨伞给客户，提醒客户出去要注意带雨伞；夏天，炎热易中暑，提醒客户要多喝水，上车开空调要先开窗户，不要让排出的有毒气体伤害到身体等；秋天，要进补，但要注意上火偏干燥，进补前先喝点凉茶，这样身体好吸收；冬天，要多穿点衣服不要着凉，等等。要从生活中去关心客户，用心服务，急客户所急，供客户所需。

第三，信息把握成效。在金融竞争日趋激烈的今天，建立良好的客户关系是一个储蓄所拓展营销业务的基础。通过这些关系，我行能够及时掌握有价值的信息，从而在第一时间为客户提供服务，不断挖掘和提升客户价值。建立一张客户关系网,通过收集信息为其他有需要的客户提供所需。他们在教育界、房地产业、家电厂、服装行业等,当客户有其他行业的需求时,我可以为他们介绍相关人员,解决他们的问题,为以后网点的业绩打下深厚的人脉基础。

第四,建档立案发展优质客户。为了及时准确地掌握客户的各种信息,便于提供个性化服务,中心所为大客户、优质客户和潜在发展的客户建立了详细的个人档案,其中包括生日、家庭住址、电话号码、个人喜好、家庭成员、身体状况等。逢年过节要与客户沟通联系,生日寿辰要为客户发短信或打电话表示祝贺,不断地增进与优质客户的感情,从而实现个性化和差别服务,建立我行的忠诚客户群。

成绩仅代表过去,不断的进步才代表未来。网内存知己,把客户当成朋友相处、关心,让他们感到温暖。我的追求就是让客户满意,让自己满足。

## 案例 9

### 保险经理邱实用真诚服务换来营销业绩

"阿妹啊,你的笑容是这个冬天最温暖的阳光!"这是一位客户给邱实的评语,也是邱实的真实写照。只要你走进中国邮政储蓄银行汕头某支行,总能看到邱实那真诚、温暖的笑容,听到邱实耐心向客户做各种解释。

作为一名保险经理,邱实不仅在营销方面取得有目共睹的业绩,在客户服务方面同样得到客户的认可与支持。自支行开展"开门红"活动以来,邱实取得了营销余额超过 300 万元、保险超过 70 万元的良好成绩。

"服务是营销的基础",这是邱实自己总结的工作经验。"开门红"活动期间,特别是春节前后,营业厅总是挤满前来办理社保、新农保取款的客户，这主要是一些高龄、低额人群，服务压力较大。邱实主动到厅面做客户服务，耐心地向客户解答各种问题，帮助客户叫号、补登折，引导客户到柜台办理业务。在别人看来，这些似乎不是"保险经理"分内的事，可邱实却乐在其中。

　　真诚的服务终于得到客户的肯定与回报。有一次，邱实在帮助一对老夫妇补登折时，发现两位老人家每个月都有固定的社保收入，而且整整一年多都没有动过，于是就问他们："为什么不存定期业务呢？这样收益会更高。"老人家听后，用疑惑的眼神看着她，然后说："你不会骗我们吧，这里不都是取社保的吗？哪会有定期存啊！"邱实耐心地跟两位老人家解释说："我们邮储银行也跟其他银行一样，不只取社保，还有很多业务可以办理的，如定期业务、理财业务、基金、国债、网上银行等，而且利率也跟全国一样，不信您来看我们的许可证、利率表。"通过耐心解释，两位老人家终于释怀说："老了，老了，跟不上时代，老以为这里就是办社保的。不好意思，姑娘，你的服务态度真好，不会看不起我们这些没文化的老人。我这就去建设银行取 10 万元到期的存款来你们这边存，以后有钱就存在你们这了！"邱实真心沟通、真诚服务，终于赢得客户的信任与支持，也为网点和个人赢得了业绩！

　　"真心为客户理财是成功营销的关键"，这是邱实的又一营销"真经"。多年的营销经验让邱实学会了"换位思考"，用自己的实际行动真正做到"一切为了客户"。在"开门红"活动期间，一位客户拿了 20 万元现金来存款，想存一年的定期。交谈中，邱实发现这位客户是公司的设计师，他想把钱存起来，几年后回家建房子用，所以短期内是用不到这笔钱的。于是，她引导客户到理财室，与客户做进一步交流，建议他一部分办理定期，一部分办理行内的人寿鸿盈两全保险趸交 6 年期的。定期部分如果要用的话，可以提前部分支取，支取部分按活期利息算，剩下的还按定期算，这样不会损失太多的利息；而人寿保险这一部分就可以攒起来，到期时一次性把固定收益和每年的分红都取出来，这期间还附送用户的人身意外保障。用户听完后，对她说："可以啊！你这样帮我理财，我感到很满意！既存了钱又有了保障，那就存5万元一年期的定期，15万元办理人寿保险。"就这样，邱实又一次成功营销一单保险业务。

### 策略点评

"笑里藏刀"在这里并不算是计谋，可以归结为做人做事的一种方式与态度。大家都听过"伸手不打笑脸人"这句俗语，实际上，"笑里藏刀"的重点就是用自己的态度来影响对方的态度，进而使事情向着有利于自己的方向发展。"笑"代表友好的态度，并不意味着原则与利益上的让步。对银行工作人员而言，只要坚持真诚与执着的态度、刻苦与努力的精神，不仅能够圆满完成网点与个人的目标，网点的各项业务也一定会蒸蒸日上，个人的业绩也会不断提高！

# 第 04 计 欲擒故纵

欲擒故纵,是指要紧紧地跟踪敌人,但不要逼迫敌人,借以消耗敌人的体力,瓦解敌人的士气,等敌人的兵力分散了,再一举拿下。这样可以避免流血,对战争是有利的。在银行的业务中,有些客户天生优柔寡断,虽然对你的服务有兴趣,可是拖拖拉拉,迟迟不做出决定。这时,你不妨采取欲擒故纵之计,会促使对方下定决心。

## 案例 10

### 不争论、善忍让,最后搞定大客户

现在很多销售人员在面对大客户的时候,显得不知所措,只是很简单地介绍一下自己,然后就极力向客户推销产品;客户拒绝后,便灰溜溜地走了,没有工作激情。其实,不争论、善忍让,很多时候可以帮助做销售的人最后搞定大客户。下面,就让我们来看看某银行保险营销员 A 先生是如何处理这些问题的吧。

A 先生前些年到深圳举办一个研讨会,邀请了一些企业的董事长,地点是×××度假村。

那天上午,有个女老板突然给 A 先生打电话,说她到了却没看见银行的人。A 先生说:"我们都在啊,你具体在什么地点?"她说在××汽车站。A 先生说:"我们开会的地址是在×××度假村呀!"她一听就急了:"明明你们的人通知我是在××汽车站啊,你们怎么搞的!"A先生连忙道歉,说:"因为我们工作的失误导致了信息的误传,对不起,以后我们的工作一定要更加严谨。"

其实A先生很清楚,自己的同事是不会通知错误的,毫无疑问是这个女老板自己弄错了,还怪罪到银行的头上。但是如果这时候依旧坚持自己的判断,对事情的结果没有任何帮助;而如果自己主动承认"莫须有"的罪名,至少还会有50%的可能得到自己想要的效果。

后来,A先生专门在大厅等这位女老板。女老板到了以后,A先生就接着道歉。这时,女老板却说:"实在不好意思,我又看了一下邀请函,是写的×××度假村,是我弄错了……"

这位开奔驰S600的女老板在接下来的一个月主动给A先生介绍了另外3个大客户,他们还成了好朋友。

A先生从这件事中总结了一套解决这类客户情况的标准处理方案,在其他项目中也进行推广,取得的效果是相当不错的,往往输了争论赢了客户。

## 案例11

### 广州某邮储支行POS机营销拴住大客户

邮储银行广州某支行作为广东省邮政公司金融类转型的示范网点之一,最先开展"走出去"的周边商户营销工作,因此无论是营销人员的经验与心态,还是所累积的潜在客户资源都有一定的竞争优势。然而从营销拓展中获取客户的信任和挖掘客户群体资源是一个较为漫长的过程,需要营销人员根据客户的特点和情况耐心地与之交流,站在客户的立场为其发展业务提供好的金融建议和经营方式,再通过客户的转介绍认识该行业上下游的新商户,最终达到客户资产提升和客户群整体余额沉淀的效果。

这家支行已经经营了10多年，具有较为稳定的营业额。但由于其长期只是立足于网点营销，对周边商户开发这一块工作发展较为缓慢，而且小商户的金融发展意识并不强烈。同时，由于加办邮储商易通需要客户加入华商联盟为前提，小商户在邮储渠道周转的资金量不大，难以达到华商联盟客户日均余额10万元以上的要求，从而极大地限制了支行利用商易通进行沉淀余额。

支行决定通过走访商户来拉近与周边商户的感情，与之建立伙伴关系，了解现阶段商户的情况以及需求，找准余额营销的切入点。在走访商户的过程中，商户反馈表明：邮储渠道只是用于进行小部分货款交易，为了保证资金的流动性，宁愿使用银联POS机进行需要1%手续费的扣费交易，也不愿加办需要牺牲客户在其他银行资金流动性的邮储商易通。

吴老板在这家支行所在的新街经营自己的日杂店已经10多年，因其平时货款交易业务基本在工行操作，因此尽管其商铺距离新市支行很近，也很少跟邮政打交道，甚至连邮储账户还没开立。2011年3月某天，他老家一位远房亲戚需要借用2万元建房子，而对方只提供了邮政账号，因此吴老板就必须前来邮政储蓄网点办理现金汇款业务。但是，支行的客户办理业务需要等候的时间相对较长，比较赶时间的吴老板碰运气地向大堂经理问道，能否提供一下方便让他这位"邻居"快点办好业务。对于银行来说，商户老板肯定是潜在客户，大堂侯经理深深了解维护周边商户的重要性，因而在自身的职责范围内让吴老板体验了一次邮储的VIP服务，在相互留下联系方式后送走了吴老板。在接下来的日子里，每逢节日吴老板都会收到来自支行的问候短信。通过对吴老板商店的不时走访，双方逐渐建立了良好的邻里关系。

由于货源业务的扩展，吴老板开始不时需要使用邮政转账业务，而已经转岗为理财经理的侯经理意识到这正是鼓励吴老板开立邮储账户的好时机。这一天，当吴老板再次来到邮储办理业务时，侯经理建议其办理支行的绿卡通卡，吴老板当然是欣然接受了这个建议。在填写单式的时候，侯经理不失时机地向吴老板介绍支行的金卡资格和铂金卡资格，提议吴老板尽量把资金往新市支行这边储存。在客户办理好业务后，抱着与客户增进友谊的心态，侯经理与吴老板一起吃中午饭，再把邮储的其他金融服务向其进行推广。

由于生意人的资金周转比较频繁，吴老板短时间难以使资金到位，成为华商联盟客户，但是在转型兼做家纺生意后，吴老板发现每位零售客户买卖的资金量相对较多，如果常常靠补贴手续费让客户跨行取款购买商品的话，也容易造成客户的流失。如何提高客户付款方便性自然成为吴老板当下必须解决的重要问题，这时候吴老板想到的是他的朋友——从事邮政金融的侯经理。由于新市支行从来没有为商户加办银联POS机的经验，在了解吴老板当下的情况后，侯经理马上请示支行的金融主管，详细了解办理POS机所需要提供的证件，并和吴老板做好沟通。但是在深入了解吴老板的情况后发现，吴老板的商店由于没有自己的国税地税证，不能提供金融主管上报POS机所需的全部商户证件，于是，侯经理只能把吴老板现阶段所提供的证件复印件向上级部门提交申请。一个月过去了，POS的事情在上报资料后完全没有了下文，后来经过多次咨询后了解到，原来吴老板所提供的资料在一类支行那里遗失了，办理POS机一事陷入僵局。

这时，支行的竞争对手并没有闲着，其他银行的营销人员和非银联的POS机销售专员已经盯上了吴老板的需求，但是吴老板对于登门的这部分人都不是很信任。经过了解后，吴老板发现他身边的其他商户在办理POS机的时候并不需要提供国税地税证明，而且办理POS机顶多需要半个月时间。一个多月了POS机迟迟没有办下，令吴老板损失上万元利润。

带着重重疑惑，吴老板找到了侯经理。侯经理经过与金融主管多次协调，发现难以办理最大的症结就在邮储内部的层层关卡。此时吴老板已经表现出非常不耐烦的情绪，为了更好地安抚吴老板，侯经理邀请金融主管一起登门送礼，向吴老板再次表示不想失去他这位伙伴，并承诺将调用邮储内部的关系网尽快帮他把 POS 机的事情给落实下来。在重新获取吴老板的证件资料后，侯经理和金融主管通力协作，终于在年前把银联 POS 机安装到吴老板的商铺中。

吴老板的家纺店每天的平均交易金额为 3 万元，他真正感受这家支行为他带来的实惠和方便。为了表示感谢，吴老板不断地介绍赵老板、洪老板等几位合作伙伴在新市支行开立账户，并要求其供货商通过邮政账户进行交易，这在一定程度上增加了支行的余额沉淀，促进了专项的发展。

在这个案例中，侯经理的做法有以下可以借鉴的地方：一是邮政金融营销人员发掘商户潜在需求的必要性。侯经理通过对目标客户的多次关怀和情感营销，牢牢地取得客户对支行工作人员乃至银行的信任。二是客户至上。在日常工作中，营销员必须急客户所急、想客户所想，从客户的立场考虑问题，不放过任何营销机会。三是扩展信息网，同时利用自身关系网，获取其他银行相关业务的资讯，在出现问题时有的放矢地向客户进行解释，用真诚打动客户。

事实说明，只要时刻用心，很多时候不经意地为客户提供一些帮助，往往会获得意外的收获。这也是现阶段金融营销人员一项重要的信条。

## 案例 12

### 保险营销制胜利器——攻心为上

攻心，就是了解客户心理。保险从业员要研究客户，知道客户的真实想法，知己知彼，百战不殆。

一流保险从业员推销理念、思想，二流的推销方案，三流的推销商品，末流的什么都卖不出去。以下是保险公司某支行韩志在保险从业生涯中，所经历的一些工作点滴。

我卖的第一份银行保险是中国人寿保险公司推出的安享一生保险。记得那是2009年夏季的一天，我的一位同学的爱人前来办理业务，早就听说此人从事地产市场推广业务，而且很能干。开始，我们的话题压根就与保险无关，主要是叙旧，彼此聊得很投机，慢慢地很自然就谈到了我的工作。其实，她对保险并不陌生，当然也不排斥，尽管此前也曾遭遇过一些低素质的保险营销员的骚扰，但我知道保险在本质上是人们生活所需要的，只是一些歪嘴和尚把经念歪了而已。

听我介绍保险的一些新险种，以及我做保险营销的一些经历和感悟，她觉得我和那些盲目乱闯的保险业务员的确不一样。我很注重拜访客户前的功课预习，通过各种方式努力缩短与客户之间的距离，消除彼此的陌生感，同时很注意淡化拜访的功利色彩。我首先使客户感觉到亲切自然，彼此能像朋友一样和谐相处。因为我懂得这样一个基本道理，客户其实都程度不同地需要保险服务，一时的不主动、不接受，甚至反感、排斥、拒绝，不是他没有需求，而是你的沟通不当、营销不得法所致。

那天我和她的接触就是个经过设计、循序渐进的自然诱导需求的过程，虽然我没有急于切入保险主题，竭力动员她买保险，但这恰恰是我的制胜之处。我通过朋友对她的情况已经有所了解，又有效地拉近了彼此的距离，甚至成功地进行了自身良好业务能力的展示。在这种情况下，她主动买保险就成了一种必然，她也丝毫没有"上套"的感觉。那天她主动提出购买了一份"安享一生保险"，每年缴费金额是2000元，当时她女儿还差几天满10岁，可交费5年，总交费金额是1万元。期满后即可使女儿在高中、大学、婚嫁、退休养老的人生各个阶段享受此项保险的收益。这是她给女儿的一份延续终生的礼物，其中的感情内涵可谓深远，其经济价值也远远物超所值。本着"好东西要和好朋友分享"的理念,她在给女儿购买保险之后,又顺便把这个险种推荐给她的一位好朋友。好友听我这么一说,给自己刚5岁的女儿也买了五份保险。

这次买保险的经历在我的记忆中是那样的深刻,所以后来经常被我当作一个经典的营销案例与友人分享。这个案例之所以成功,我想主要基于以下几点:

第一,为了解客户,事先做了认真的准备。她是我朋友的家人,彼此有一层友情隐于其中,交流的内容又主要是叙旧,故而有效地缩短了彼此的距离。

第二,在商不言商。许多人对保险心存误解,因而直接推销往往欲速则不达。我采取的方式是诱导需求的办法,事先了解了她女儿的有关情况,通过介绍别人的保险体验,强调以不多的投入可留住女儿一世的铭记,从而引导她产生了现实的投保冲动,主动提出要为女儿投保。

第三,充分发掘客户资源潜质。我顺势提到可以推荐朋友参与,这才促使客户朋友也和她一样给女儿投了保。这个收获也出乎我本人的意料。实际上,这个收获也有其必然性,我知道她是珍惜友情的,不会向朋友做任何不负责任的推荐,既然推荐了,当然就有力度,朋友一定当回事了。

这是我第一次从事银行保险的经历,也是一次难得的市场营销一对一课程的学习。它给我的最大启示就是:市场营销的过程是一个与客户真诚沟通交流的过程。只要你对客户认真负责,有针对性地进行需求调查,设计解决方案,客户欣然接受就是必然的。

### 策略点评

人就是这样奇怪,你朝他逼近一步,他就要向你逼近十步,你主动退后一步,他也会为你后退十步。这就是欲擒故纵的智慧。

## 第05计 答疑解惑

银行社区营销采取此计,内怀关爱客户之心,外托银行制度之名,运用智慧解答客户提出的各种问题,同样会使工作效率倍增。

### 案例13

#### 银行专家为客户答疑房子问题

房子问题是人们最为关心的生活大事!中信银行某支行针对广大客户在房子问题上遇到的各种情况,特联合房地产公司派专家举办了一场专题讲座,为他们答疑解惑。在专题讲座现场,人头攒动,非常热闹,数十组客户早早来到现场参加活动。

客户中有一位姓陈的女士,她自己有一套老房子,因为家里有了小孩,所以希望换一个大一点的房子来改善居住环境。但选好新房,老房怎么处理?银行按揭怎么做才合适?房屋抵押贷款的可行性怎么样?这些问题成了她的一块心病。在置业时遇到此类问题的人不在少数。在讲座中,银行专家详细地为大家介绍了如何处理因特殊情况房贷还不上、如何合理办理银行按揭、如何以旧房换新房等问题。

针对房贷还不上的情况,银行专家提醒最好不要换约。因为房贷是房贷,信贷是信贷,除非是房贷人为确保个人信用,向银行再借钱出来投资,否则,一般自住型房贷人,对于尚未归还的房贷本金,应该与银行洽谈还款方式，而非另订契约，以较高利率信用贷款来还低利率的房屋贷款。

针对旧房换新房按揭问题，银行专家的解释是，首先要去银行办理提前还款，把银行的贷款还完，取出房产证后，拿到赔偿款，再去买下一套新房。如果你不想要赔偿款，直接要房子，办理按揭就可以了。如果没钱去银行办理提前还款，可以先要房子，再用赔付的房子去代理按揭，用赔付的房子按揭贷的款去付你前一套房子的贷款。

针对以旧房换新房的问题，银行专家给出三种方案供客户自行选择：一是卖旧买新。如果你不居住在准备出售的旧房内，就可以先卖掉旧房，拿到钱后慢慢地挑选新房、购买新房。卖掉旧房再买新房，可以用旧房的房款来支付新房的部分房款以及装修费用，经济条件不是很宽裕的人通常可以采取这种方式，但前提是你必须能承担新房与旧房的房价之差。二是押旧买新。如果你既不想丧失原房屋的产权，又没有足够的新房首付款，但你有较强的月供能力，你还可用"押旧买新"方式。即将房子抵押给银行获得一笔短期贷款，用这笔贷款来支付新房首付。在住进新房后，你只要像普通情况那样偿还新房按揭贷款就可以了；而旧房出租的租金可以用来偿还一部分短期抵押消费贷款，可以说是一举多得。三是租旧养新。如果你不愿丧失原房屋的产权，并且有足够的首付，但月供能力不足，你可以采取"租旧养新"的方式。在住进新房后把旧房子出租出去，用租金来偿还全部或部分新房的按揭贷款——月供。但"租旧养新"一定要防止旧房长期空置的风险，否则新房贷款的偿还就无以为继。

银行专家还告诉客户购买旧房时应注意的问题，诸如考察卖房者是否有合法的产权，实地考察房屋质量、面积、周边环境、建筑历史、未来发展前景，合理估计房屋尚能使用的年限等。地产讲座结束后，陈女士感慨道，这次银行专家的讲座对她来说有很大的帮助，化解了困扰她多时的问题。

## 案例 14

### 某农商银行领导通过电话为客户答疑解惑

为进一步做好"争创群众满意的服务窗口",深入贯彻"客户至上,市场导向"的理念,切实解决好老百姓身边的金融问题,某农村商业银行领导搭建了一条与社会各界通过电话进行零距离互动、沟通的桥梁。2013年以来,银行领导多次走进"行风热线"节目,倾听客户诉求,现场为客户答疑解惑,为广大客户提供了更便捷、更周到、更贴心的服务,受到了社会各界的一致好评。

有一天上午,在10—11时的一个小时的现场互动中,该行领导王××向近十个来电客户提出的疑问做了耐心、细致的解答。当一位城区的李先生问及农商银行新推出的"960××"业务时,该行领导王××说,将在遵循"有请必应、有应必复、限时办结"原则的基础上,在收到客户电话预约贷款后,迅速组织相关部门整理贷款申请资料,安排区域内客户经理上门核实申请人的资信状况、贷款用途、生产经营状况等,并在3个工作日内答复客户,对符合条件的支行权限内贷款,客户在5个工作日内即可拿到贷款。这位先生对该业务的便捷和高效率很是惊喜。

互动期间,领导还接到了年过七旬的王奶奶的电话,她家住在第一小学附近,在去附近菜场买菜的时候,经常看到有员工站在农商银行大门口,很是疑惑。该领导则解释说,这是支行员工在开门迎接前来办理业务的客人。为了全面提升服务质量,美化服务环境,该支行联合品牌策略机构启动了"金箭服务"网点服务转型升级项目,引入开门迎客、业务咨询、业务接待等八大服务流程以及晨会、区域责任人包干和网点巡检三种网点现场管理工具,通过营业网点的转型升级让广大的客户享受到贴心、一流、规范的农商银行特色服务。

"行风热线"不仅帮助广大市民在短时间内了解到农商银行业务产

品和服务动态,也帮助该农村商业银行积累了大量宝贵的客户反馈意见。这些意见将被该农村商业银行相关部门收集、整理、汇总,并作为提升优质服务水平、开发金融创新产品的重要参考。"老百姓的感受是实在的,老百姓口口相传的赞誉是对我们的宣传。我们将通过电话的创新式服务,拉近与老百姓的距离,诚恳地接受社会监督,以更入心的服务和更贴心的产品为市民打造更加舒心的金融环境。"该行领导王××说。

为构建全方位、立体式、多元化的沟通渠道,××农村商业银行在参加"行风热线"的同时,还将继"送金融知识下乡""普及金融知识万里行"等活动后,启动"金融服务进村入社区"工程,让更多的市民与××农村商业银行面对面交流,心与心沟通。

## 案例 15

### 保险经理刘益云发展保险业务心得

××支行的刘益云是外聘的保险经理,按要求她每天只需上班4个小时,但她很勤奋,每天都跟其他营业员一样正常上下班,她发展的保费全市个人排名第一。以下是刘益云保险业务发展心得:

第一,增加在营业厅的时间。刘益云每天都跟营业员一样上下班,周六、周日也照样上班,创造更多的机会跟客户接触。

第二,主动接触客户。主动引导客户,通过帮客户填单接触客户,了解客户的需求,通过先讲理财、后推保险的步骤,引导客户购买保险。对于当场没有促成的客户,留下客户的电话,对客户进行两次或三次营销,尽最大可能出单。在这个过程中,刘益云使用以下接触话术:

一是活期客户。你好,我看你这笔钱很长时间没用了,都放在活期上,多不划算,利息损失了不少。你要是不用的话,我给你推荐一个新的保险理财产品,非常不错的,我给你介绍一下?

二是零存整取的客户（期交）。你办理零存整取业务？看来你很有储蓄观念，现在我们新推出一个类似零存整取的保险理财产品，每年存一次，收益也很不错，你看我给你讲讲？

三是定期客户（趸交）。你看你这么多定期存款，我帮你打理一下。我建议你最好将钱进行合理的分配，分散放置，让你的收益最大化。我建议你拿出一部分继续存定期，剩余的办理一个很好的保险理财产品，多好啊！你看一下？

第三，识别保险客户。刘益云认为识别保险客户有以下两种情况：

一是有一定风险意识或遭受过重大损失的客户群体，他们的保险意识强烈，是最佳的人选。

二是有定期储蓄倾向的客户群体，他们的资金多数长期不动，放在银行主要是为了保管，其次才是得点利息。这样的客户也是推荐保险的优质客户。首先，他们有闲钱，可减少退保的概率。其次，他们有一定的投资意愿，希望获得更多的收益，又不想承担风险。最后，他们非常信任银行，你说的话，他们基本都认可。这样的客户群体最有可能成为银行保险客户群体，也是推荐的最佳人选。

## 策略点评

为客户答疑解惑，营销员需要把握三个关键：首先，为师之道最高境界在于人格魅力和专业知识，从而让客户对你口服心服；其次，如能做到让客户"亲其师"，自然他们也就能"信其道"，答疑解惑过程中的一些问题也能迎刃而解；最后，如果你能树立威信，严格管理，银行制度方面的建设也会较顺利。

# 第 06 计　业务拓展

业务拓展在三十六计里属于"攻战计",是利用相对优势采取的一种扩张策略。银行的业务也需要扩张,旨在谋求主动权,在扩张中做强、做优、做深、做精、做实、做好,这样才能有效破解银行面临的现实资本约束、市场约束和空间约束,不断提升银行的核心竞争力。

## 案例 16

### 邮储银行某网点的"走出去"社区开发案例

社区客户开发一向被视为银行社区营销的难点,基于客户对邮政储蓄的认同度不高、其他银行抢夺激烈的不利局面,下面这个案例通过攻关关键人物、开展多样化的特色活动,在社区客户与业务拓展之间搭建了一个良好的平台,并着眼于一个物业,带来系列社区的开发,在一线网点的实际业务拓展中有一定的借鉴意义。

2012 年自 1 月 1 日至 2 月底,邮政储蓄银行广州某网点的余额累计下跌了 300 多万元,主要是附近的建材批发市场有几名商户或因购车或因购房大量提款,特别是网点的这类特殊客户——打工的兄弟回家过年,把一年辛辛苦苦挣下来的存在邮储银行的钱带回家乡,让网点余额一再下跌,出现负增长的现象。怎样才能寻找一条出路?怎样才能让网点的业绩回升?在这紧急关头,区局金融中心领导和相关人员来到这家网点调研，给了他们一个提示：这边的高档小区这么多，何不寻找一个新的发展群体！这个提示提醒了网点工作人员，网点以前一直都把目标放在建材批发市场的商户身上，而忽视了网点周边7个很大的小区，于是决定发展本地的居民存款。

网点组织人员到小区走一走，看一看，了解相关信息，不经意间看到小区里的一则公告上写着：小区计划在2月6日（元宵节）举办"闹元宵——游娱会"活动。于是网点调研人员立即向小区的保安打听，了解到这个小区是由执勤物业管理公司管理的，他们的领导是罗经理，一位40多岁、热情好客的客家人。恰好，网点的理财经理邓经理也是客家人，利用客家人的热情和老乡关系切入，会不会有所突破呢？这个想法让大家感到兴奋。

于是第二天，网点的负责人李林和邓经理一行提着一瓶客家人特爱的"糯米酒"和一个水果篮走进了关键人物——罗经理的办公室。因为是客家老乡关系，"老乡见老乡，两眼泪汪汪"，软软有韵味的客家话拉近了距离，聊家常、聊故乡、聊家人和小孩子，不经意间已经切入了大家要谈的关键主题："我们想跟您合作一起举办小区的元宵节游娱会，您意下如何？"

经过交谈，合作关系达成了，接下来该怎样进行呢？首先，李林立即召集全体员工开了一个紧急会议，商量进小区后大家要做什么，怎样做，谁来做。把每一个细节都理顺了，大家就开始展开工作。副行长负责到广告公司印刷传单（到网点开户就可获得一份精美的纪念品，存款就可以积分兑换小礼品）、一次性的VIP体验卡和理财经理的名片；邓经理负责准备游戏内容和小礼品；行长负责跟PICC公司洽谈合作一起添加一个小小的理财宣讲环节。

元宵节游娱会当天，网点全部人员提早一个多小时来到会场，向每一位到场的住户一一做了自我介绍，让他们认识我们，熟悉我们，喜欢我们。当天的活动虽然结束了，但网点的工作才刚刚开始，营销是逐渐深入的过程,一切都在这里延续!

大家回到网点就马上对当天活动收集回来的住户资料进行整理,从电话、家庭住址、相关信息等细细研究,根据客户的特点一一发短信,短信内容如"很高兴今天认识您这个朋友,有空请来我们美丽的银行坐坐,喝喝茶,看看时尚杂志"等。

然后又一一打电话:"陈先生,您好,我是石岗银行的理财经理小邓,那天您说想了解我们的基金定投业务,您现在方便吗?我向您介绍一下,好吗?"

接着又上门走访:"冯太太,这是我特意您准备的小礼品,冯太太您的退休金放在农行活期存折里很可惜,您平时生活开销也不多,我觉得您把一部分转存三个月的定期,部分存活期,一小部分买一些理财产品,这样的组合会让您的收益更好呢,同时还能给您一定的保障。我想本周三过去拜访一下您,您看合适吧?"

网点继续和小区的关键人物罗经理保持联系,不断地走访,不断地加深关系,并从其口中得知:他们的物业管理公司除了负责这个小区之外,还负责石岗网点附近的其他4个小区,如果有需要罗经理可以帮网点去其他小区做活动。"这太好了",但大家同时又想到,到小区做活动不能只是小打小闹,要坚持长期驻点,全面开放,要将社区开发作为重点对待,将这一部分客户慢慢从其他银行抢过来,慢慢提升邮储银行的形象,将社区的空白点不断地描绘成最有诗意的水墨画。于是,网点先行选定了距离网点最近的小区——×××东苑,大家每天下午4—6时安排两名员工过去驻点,风雨不间断,一对一地开发住户,有系统性地以存款、基金定投、保险等为不同主题,慢慢渗透进社区。

一个星期后的一天,在网点里出现了一幕。"邓经理你记得我吗?上次你们在我们小区进行了一个理财宣讲活动,我对你们的那个产品很有兴趣,你能帮我做一份吗?"一位妇女和蔼的笑容融化了冰雪,网点的第一个客户过来了。带着这么多颗真诚的心,小区开发终于有了成效。就这样细细地经营、慢慢地跟进,坚持不懈,网点余额提升了500多万元,保险发展100多万元,社会保障卡300多户。

网点理财经理邓经理感慨地说:"我们经营住户,展开一个个温情的营销活动。只要我们用心去经营,心在哪里,客户就在哪里。"

这家网点的经验具有普遍意义,其可复制点如下:

一是把握社区客户开发的关键点。在一线网点的实际业务拓展中,社区开发一向是难点,面临很多掣肘。如何突破?需要把握关键点,特别是小区物业的负责人。这个关键人物的攻关很重要,了解和把握关键信息是重点。

二是关系营销。邮储银行一线营销中,关系营销尤为重要,这取决于对要攻关的客户群特点的了解,对客户或市场中关键人物真实的心理诉求的把握等。案例中,同为客家人,同说客家话,同做客家事,立即拉近了与客户的关系,有助于后续业务开发。

三是活动的多样化。活动的组织、持续性等都很关键,要将社区客户的需求融入网点活动中,将客户融入储蓄的生命中,让他们敞开心扉,对邮政储蓄增强认同感。

对于紧靠建材批发市场的这家网点来说,仅仅依靠建材批发市场的商户和部分打工客户,是不足以支持网点的长期、快速发展的,必须要"走出去",走到社区中,做好社区客户的开发。本项目的开发具备快速复制特性,有助于其他网点在业务中铺开。对社区客户的逐渐渗透是未来很多网点提升的关键。因此,要将社区客户的上下游捕捉透彻,并针对不同层次的客户实施差异化的服务,将客户维护上升到更深层次,才能带来倍速级的增长。

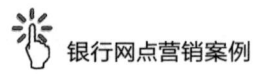

**案例17**

## 工商银行某分行的资产业务拓展案例

面对宏观经济增速放缓、同业竞争日益加剧的外部环境,工行某分行不畏困难,认真贯彻以市场为导向、以改革促转型、以风险防控提高资产质量的工作理念,瞄准重点市场开展精准营销,在做好风险防范的前提下不断拓展资产规模,信贷资产结构同步优化。具体包括以下几项工作:

一是大力拓展政府主导类建设项目。由于政府主导类项目具有金额大、期限长、收益好、安全系数相对高的特点而成为各家银行锁定的目标。该行根据总行行业政策、地方主导产业特点以及地方经济发展的实际情况,选定九大营销板块,并与各县区政府、融资办、平台企业等建立了良好合作关系,在多个领域内成功营销徐州市政府年初确定的重点建设项目,其中包括"棚户区改造""路网改造""供水管网建设""产城一体化"等项目,已实现提款金额达8亿元。

二是启动"小微企业创业贷"营销和培训。加强与财政、工商、税务、园区管委会等部门的沟通对接,充分把握与企业交流的机会,了解企业需求,向有融资意向的客户宣讲小微企业业务知识,介绍小微企业行业信贷政策,做到有的放矢,提升产品认知度。同时,在辖区内集中开展"小微企业创业贷"业务培训,采取多种多样的方式对业务营销人员进行认真的培训辅导。

三是加大住房按揭业务营销。对本区域内房地产项目的区位、布局、价格、目标客户等基本情况进行了解,按照各区域及县区情况对房地产市场的投放及正在销售的情况进行了分析,筛选出优质开发项目"白名单"下发至各支行。目标任务层层分解落实到支行、个贷客户经理,制订序时计划,按日通报、按旬督导、按月分析,对计划进度不达标的机构负责人和客户经理进行通报,并帮助其查找原因、寻找对策,同时对支行配以贷款规模、贷款定价、审查审批等绿色通道服务。从日常维护到接单录入、审查审批，再到放款全流程跟进，确保业务营销和贷款投放无缝衔接。截至2016年7月末，个人按揭贷款余额比年初新增10.77亿元，取得了较好的业绩。

## 案例18

### 某银行营业所余额发展经验——拓项目，保余额

某银行营业所为努力提高网点余额规模，提升网点服务效能，最大限度地争取在春节余额的下跌期间能够有大量新增余额补充余额存量，打响一季度开门红这一枪，做好跨年度营销活动，充分利用邮局大力推进中小企业开发、推广电子服务渠道、宣传金融安全知识等金融服务的时机，结合网点周边市场分析环境，在春节前制定了一系列的发展方案，实施"加大企业开发力度、保余额"战略。

在促增长方面，以宣传先行，积极开发中小企业。该营业所的余额发展主要是工厂的代发工资及老板的存款。他们一直坚持"先宣传，再发展"的原则，先将邮储业务灌输到工厂员工的理念当中，再进厂发展邮储业务。该营业所在春节前对未开发的中小企业派发网点策划书及一张贵宾卡（持贵宾卡到网点可以优先办理业务），策划书包含了邮局代发工资的方式及优势，其目的是让工厂的领导进一步了解本银行的金融业务发展，为银行金融业务发展做好宣传工作，为中小企业的开发做好铺垫。银行还成立专门小组在网点门口及工厂较多的地方摆设招工摊位，用"我们免费为您招工，您到邮局办理存款业务"的方法收集客户信息，同时也增加存款量。

银行在保余额方面主要做好三项工作：一是进厂做定期存款的安全知识讲座。该营业所对工厂员工做了一次调查，发现有一部分工人不愿将钱存为定期，理由是在外地定期不能取现。针对这一情况，该营业所

进厂对工人进行活期与定期存款的讲座，并对工厂的员工灌输安全防备知识，将定期与活期的不同之处讲给每一个人，教会他们如何存款理财。为了让工厂员工更多地了解邮局的金融业务，该营业所在工厂的宣传栏张贴银行的利率表，鼓励工厂员工转活期为定期；为答谢客户的支持，还举办"银信通免费体验一个月活动"。二是利用网银的优势，留住客户的存款。该营业所为了留住客户的存款，增加余额沉淀，免费给代发工资厂老板办理网银，并且由客户经理教会老板使用，帮助老板直接在网上进行收付货款交易。对该厂定期存款较多且无法保证自己年后是否回来的人，也免费帮他们办理网银，避免他们把定期转为活期或者直接将钱全部取走，造成余额的流失。三是维护好客户关系，做好售后服务。该营业所并未将春节前下发的礼品全部用于"存款有礼"的活动中，而是将一部分礼品亲自送到专业市场的客户手中。送礼品给客户时，必将引来周围客户羡慕的目光，不仅能够提高邮局的服务形象，同时挖掘新客户，做到一箭双雕。

售后服务的重要性已深入该营业所每一位员工的心中。跟工厂的领导或者一些大客户保持良好的联系，建立QQ群或者飞信，通过网络方式来维护跟客户的关系，提供新信息。很多新客户都是通过老客户的口碑效应发展来的。

经过长时间的开发，新年还未结束，该营业所就已经开发中小企业十几家，并将完整信息录入系统，实现了余额的规模增长。再经后续的定期理财服务、推介网银、存款有礼等做好关系维护，很好地控制春节余额下跌。

该营业所充分发挥坚持不懈的毅力，将每一天的工作做好，坚持开发优质中小企业，实现从量变到质变的过程，实施感情营销，客户维护到位。春节期间最大限度地降低了余额下跌幅度，努力解决春节期间余额惯性深度下跌的难题。这个项目可以成功复制的地方有两点：一是实施感情营销，从客户的角度出发，解决客户困难，拉近客户关系，在中小企业开发中发挥了巨大力量，使开发难度大大降低，提高开发的成功率；二是在后续的关系维护中，解决客户的难题，宣传定期理财，使客户资产增值，提高客户对邮局的信任度与忠诚度。

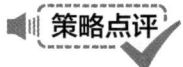

对银行业务员来说，其主要工作基本上围绕着如何从严峻的市场态势中发现商机，寻找拓展的突破口；如何利用自有资源去维护老客户和拓展新市场这两个问题展开。因此，拓展银行业务是在银行经营管理课题中的一个需要不断总结、不断探讨、不断摸索，以求不断深化的永恒主题。

# 第 07 计　暗度陈仓

暗度陈仓，即表面上让敌方知道我军的军事动向，利用敌方静观我方的表面行动时，我军悄悄地迂回到其他有利地点乘虚而入，以达军事目的。暗度陈仓的前提是"明修栈道"，即公开地展示一个让敌人觉得愚蠢或者无害的战略行动，以使敌人松懈警示，最后出奇制胜。

## 案例19

### 从化某支行发挥代理金融优势，快、准、狠做项目

为了扶植农业，特别是养猪业，从化市政府发文对2011年的母猪养殖户进行专项补贴，每养殖一头猪补贴100元。支行之前跟政府关系维护较好，在第一时间得到项目信息后，充分分析项目的可行性。支行及金融中心立即邀约镇政府的相关领导进行了解，并找到关键人物进行攻关和洽谈，抢在其他银行切入前，将相关的代发工作布置到位。虽然代发的额度小而代发工作难度大，但这是开发村镇市场，接触养猪农户，对养猪户进行邮政业务宣传的一个好项目，对于片区市场开发有重大的意义和价值。

为了拿下项目，让政府放心，支行及金融中心紧紧抓住邮政投递入千家、走万户的优势准确切入，承诺送折上门，解决农户分散及网点普及不到位的问题。对代发户的身份证、住址和联系电话进行电脑录入和

核对，做好代发开户前期准备工作，给政府留下一个良好印象。经过努力，银行代发金额 160 万元，预计联动开发村民开卡 500 张，新增银信通 500 户，并带动余额、保险、理财业务等达到 200 万元以上。

该项目的成功在于灵活地利用邮政代理金融联动邮政企业板块的优势，并找到关键人物进行攻关，加大邮政储蓄业务和服务宣传，进行村镇片区市场开发。事实说明，村镇银行要发展，就一定要以村镇市场为根据地，抓住村镇做好片区市场开发和宣传，快速了解村镇市场存在的项目，准确地切入其中，狠下心去做好。

## 案例 20

### 从化银信通重宣传、抓通关、促开口，营销从自己起步

某银行银信通业务的发展，关键在于网点阵地的营销，做好前台业务的宣传，抓好前台柜员的营销技巧和话术，做好通关工作，保证营销话术和技巧恰当，对来前台办理业务的客户个个开口，有效促进银信通业务的放量发展。

2011 年，某银行全行银信通共发展 4500 户，只完成全年目标 6000 户的 75%，离目标差距比较大；2012 年全年目标 7000 户，如果不改变现状，按照老的套路是无法完成任务的。深入了解发展缓慢的原因，改变现状，是当前的迫切任务。于是，从 2011 年 11 月开始，金融业务中心就开始组织人员到各网点进行调研，了解银信通发展缓慢的原因。经过调查发现，除了村镇银行前台人流比较少，新开户人员不多外，主要的原因还是在于对银信通业务的宣传不够，前台工作人员的开口率不够。针对以上情况，金融中心从 12 月开始落实以下工作：

一是重宣传，让客户了解业务。针对业务宣传不足的现状，金融中心首先定制一批宣传单，要求各网点在每个窗口、存折补登机、填单示范区等显眼地方进行宣传，并组织全体柜员对银信通业务的功能和重要

性进行培训和学习，掌握银信通业务的特点，从而向客户大力宣传。

二是抓通关，强化营销话术和技巧，组织全体金融从业人员进行营销话术和技巧培训，上到支行行长，下到普通柜员，都要求掌握好对不同人群的营销话术和技巧，并要求各层人员对营销技巧的掌握情况进行通关。支行行长由主管副局长进行通关工作，网点负责人由金融中心进行通关工作，其他人员由金融中心及各网点负责人共同进行通关工作，确保个个掌握营销技巧，加快业务发展。

三是设定营销目标，促开口。为了方便前台进行营销，金融中心还针对不同人群设定营销步骤和话术，并给予每个柜员每日一个目标，重点是要求柜员一定要开口营销，宣导"不说肯定不成功，说了就不一定失败"的思想意识，提高开口率。

四是举办"发展之星"评比活动。为了激励柜员的积极性，全行举办银信通发展之星活动，对每周、每月、每季度的发展量前五位的柜员进行 OA 通报表扬；对取得第一名的柜员，由金融中心主任或主管副局长送上一份礼品作为鼓励，大大提高柜员发展的士气。

五是营销从自己起步。经过上面一系列的措施，柜员个个形成了营销习惯，明白营销工作关键是要从自身起步的道理，银信通业务发展进入良性循环。

项目取得了显著成效，全行新增银信通用户 1980 户，完成开门红 2000 户目标的 99%，完成全年目标的 28%，跑在时间进度的前面，同比上年一季度的 642 户增加 1338 户，同比增长达到 208%，取得突破性的成绩。

做好银信通业务，首先，要做好银信通宣传，在网点的关键区域如填单区、存折补登机、服务窗口一定要做好宣传工作；其次，一定要做好柜员的营销话术和技巧通关工作，不但确保个个要说，而且确保个个会说；最后，要做好发展的激励政策，表扬先进，带动后进，鼓舞大家发展银信通的士气。银信通业务属于"滚雪球"收入业务，发展越早，对收入的贡献越好。发展银信通，关键要做好宣传，抓好柜员的开口率及营销技巧，做好柜员日常发展业务的激励工作。

## 案例 21

### 平湖某储蓄所客户经理的陌生客户开发经验

从事理财经理4年，从保险业务刚刚起步到保险业务的巅峰，再到现在进入瓶颈期，我深知单靠营业厅发掘现有定期、活期存款客户是有限的，要想把任务目标完成，必须扩大我们的客户群，盘活睡眠客户，邀约陌生客户，甚至在营业厅发掘新的客户。

第一次接触：首次认识客户。

2011年11月9日下午，我看到有一位女士在营业厅观看我所的宣传单，就主动过去热情接待她，耐心解答她的问题。从沟通中发现客户是第一次来我们所，原因是这位女士在平湖购买了一套房，现在要卖出去，对方在我们所做房贷业务，所以她必须要来我们所开立账户才能收到房款。并且，客户发出对理财感兴趣的信号，如果我们可以让她这笔房款通过理财得到稳定的收益，她就愿意把这笔款放在我们邮政。我为她填好开户单，引导她在贵宾室窗口办理开户业务，派发一张名片，也留下了她的个人资料。

第二次接触：第一次电话联络。

由于我们暂时没有房贷业务，不知道需要多长时间才能顺利办下来。过了一个星期，我主动拨打客户的手机，连续拨打两天都没人接，再查看了一下客户资料，客户还留了一个座机，但客户是一位生意人，白天一般不在家，我只能晚上拨打。又过了两天，我晚上拨通了客户家里的座机，表明身份。从聊天中发现客户这个星期去云南旅游了，就跟她聊云南的旅游景点，客户也很放松地说起在旅游途中的趣事。我在聊天时随便问了下房贷业务办得怎么样，有什么可以帮忙的。客户当时说很顺利，等着对方打款过来。过了几天，我接到了客户的电话，中介公司叫她去市区某个支行办理首付房款冻结，然后再办过户等相关手续，客户不太相信中介公司，就打电话咨询我。我通过她的讲述，主动找到了银行那边信贷人员进行了解，初步断定是正常的办理程序，安抚客户。又过几天，客户打电话说她现在办理房贷相关手续，有些问题要咨询我，我主动告诉她我们银行信贷工作人员的电话，详细解答她的疑问，并顺利办好相关手续。

第三次接触：第二次电话联络。

通过对房贷业务的基本了解，我感觉到客户能够顺利办下来，房款到账需要将近一月，于是，我在2011年12月2日拨打了客户联系电话，了解到客户会过来办理业务。经过交谈，客户表明这笔房款暂时还不做长期理财，原因是有可能做资金周转，于是我介绍了人民币理财产品"鑫鑫向荣"给客户，方便客户随时支取，又比活期利息要高。客户办理80万元的理财，剩下20万元放在活期做备用金。到了月中，客户由于生意上资金周转，赎回人民币理财，转走了一部分资金。

第四次接触：讲解相关业务。

2011年12月底，客户由于生意上需要打一笔款出去，来到我们所。我热情接待并帮忙填写转账单，发现客户要把账户余款60多万元转到中国银行，便主动询问这笔是否需要马上用。客户说暂时不用，先转过去用的时候方便。于是，我利用现有的理财产品挽留客户，客户最终决定暂时放在我们所，并主动留下来听我讲解保险产品和人民币理财业务。由于客户夫妻两个人都属于保守型客户，不能马上决定，只说会考虑，至于人民币理财产品要及时了解信息。

第五次接触：邀约到访。

当时我觉得客户已经有转走这笔资金的想法，如果长期把这笔钱放在活期等她考虑，迟早还是会转走，到时要想客户再转回来是很难的。我要想办法先留住客户，就要让她与我们所有业务往来，这样才能稳住客户。刚好2012年1月5日我行发行第三期财富系列人民币理财产品,看到时间较短,收益又在4.5%,于是我拨打客户电话,约她到营业厅购买理财产品。客户确定第二天早上过来。等到第二天早上,我准备购买人民币理财产品的单式。客户在9时30分到达我所,我一边跟客户讲解产品具体信息,一边引导客户填写单式。客户填好风险评估表后,发现人民币理财产品还是有一定的风险,有些犹豫不决,又想改存定期三年。看到客户的犹豫,我主动跟她说明人民币理财产品确实是有一定的风险,但是属于低风险,目前也有很多客户在办理,甚至有很多客户想购买还买不到。当然,由于客户是第一次接触理财业务,有顾虑很正常,如果抽换定期三年的话不如好好考虑下保险产品,无风险,收益稳定,又附有高额保障。看到客户并不排斥保险,于是我重新给客户讲解保险相关内容。最终,经过客户夫妻俩商量后,决定办理50万元的保险。之后,利用我行"开门红余额积分活动",客户从中国银行转入50万元到我行,存款定期三个月。

  做成了业务,自己很有成就感,也总结了一些开发陌生客户的经验。从陌生到初次接触,到信任,再到愿意听取你的建议,让你成为她的客户经理,需要比较漫长的过程。但做业务总是靠客户主动来营业厅办理业务,迟早坐吃山空。在做陌生客户开发时,特别是在初次接触时最好不要聊有针对性的理财产品,而是先了解客户基本信息,对我们银行服务感觉怎么样,了解客户正在做或近期想做些什么,方便我们衡量客户资金近期会不会动用。顺便提一下,如果我们银行有理财信息,以短信的形式发送,客户同意,就说明客户不排斥理财方面的信息。之后就是靠我们的耐心不断地联络客户,增加相互之间的理解和联系,让客户记得你,办业务联系你,让你成为他的客户经理。总之,只要做好功课,勇敢去联络客户就是了!

**策略点评**

现代银行在社区营销战中不时地演出"明修栈道，暗度陈仓"的好戏。银行网点社区营销中要巧做宣传，找准切入点传，最终的目的就是吸引客户，增加银行产能，因此要不断地推陈出新，想出新点子，策划新方案。

# 第 08 计 投其所好

投其所好,是投合别人的爱好或兴趣,最终达到自己的目的。现代商业营销运用投其所好之计,讲究以"营销刺激"来引起"购买者行为反应",对人们头脑中潜在的想法和观念积极而巧妙地加以利用。

## 案例 22

### 精诚所至,金石为开,保险也能处处开

保险产品本身并不吸引人,但配上浓烈的营销氛围,犹如裹上糖衣的食物,总令人垂涎三尺。如果再加上专业的理财经理或者更优质的服务,似乎就更令人难以抗拒。

广州某支行在接下"开门红"任务书——保险目标 600 万元时,全体员工顿感吃惊,是忐忑,是挑战,还是压力?但他们是一群朝气蓬勃的青年,他们不畏惧困难,他们相信自己,也相信"专业"。刚刚接受完销售化转型"营销专家"们一番培训和指导后,他们调整士气,在上级领导的帮助下,重摆营销阵容,理顺了自己的转型之路,真正拓宽了销售的视界与空间。经努力,他们赢了自己,也赢了业绩:完成保险销售 554.8 万元。

其实,该支行的经理们早已领悟到营销要从过去的以"业务为中心"转向以"客户为中心",所以,每当他们一听说有专业培训或营销

活动时，都踊跃参加，借专家们的智慧，再从本网点的实际情况出发，营销技能水平渐渐提升了，也渐渐地抓住客户的心，几乎每一单保险都是这样营销出来的。

当然，仅靠理财经理的营销是远远不够的，只有当团队拧成一股绳，业绩才能实现规模式增长。起初，网点并没有完全摆脱过去的独立精神，对经理不信任，有个别员工对客户实施"全包"制的营销，最终导致保单没签成，反而影响后来服务的客户，降低了前台的服务质量，甚至带来了投诉。但很快这种个人主义的营销模式就被取代了，在销售化转型规范的约束和指引下，销售模式很快走向了正轨，慢慢地形成了"多人转介、专人销售"的营销模式。柜员很顺畅地把客户一个个转介到经理面前，再由经理面对面深度营销，用真诚和服务渐渐地获得了客户的信任，挖掘了客户的需求。此时，谈业务便成了次要，签单便成了很轻松的事。

成绩只代表过去，展望未来，如何才能更好地持续发展、稳步发展更为重要，该支行的经理们对自己提出如下要求：

一是树立信心，坚持并形成习惯，营造氛围，促进业务发展。利用晨会的时间，柜员间相互角色演练分享经验，互相借鉴，加强营业员的销售技巧，时刻激发柜员的士气。

二是明确目标，有计划、有步骤地一一落实。从总目标到月度目标再到周目标，支行行长将目标细致分解到个人，而个人又分解到月目标、日目标。通过每天晨会、夕会、班组园地等形式，一目了然地使柜员了解到自己的计划落实情况，时刻警惕、时刻促进。然后再通过奖金池这种激励强调突出，每天都驱动着员工前进。

三是团结为核心，我们相互理解、支持和鼓励，加强理财经理与柜员的配合。组织柜员PK大赛，看谁的引见转介客户最多，根据上级方针，设立转介之王进行奖励。而引见转介客户最少的柜员制订下阶段计划，并进行通关练习，让柜员清楚明白引见转介的重要性，进而达到积极转介，促成业务。

四是调整结构，通过网点转型，形成客户档案，落实好分层客户管理。理财经理在进行保险代理销售时，不仅注重销售的过程，更加注重对客户信息的搜集，坚持建立客户台账，记录客户资料，从而真正了解客户、关心客户。自实施这些措施后，该行保险销售呈现出更加良好的销售势头。

五是组织客户沙龙及产说会，维护客户关系，开拓业务。每月开展4~5场客户沙龙及参加市局、区局举办的高端客户产说会，邀请邮储新、老客户出席参加，沟通联络感情，并回赠宣传礼品。同时，通过此机会向客户传达网点最新优惠活动、近期最新产品，通过近距离的互动，起到刺激业务发展的作用，并通过优质的服务维系客户关系。有了较好的口碑，老客户也转介新客户到网点体验，深层发掘，成功开发保险业务。

作为邮政网点的一线员工，我们可以再一次思考，只有真正的服务才能打动客户，只有用心才能获得客户的信任。保险本身不是令人抗拒的产品，加上我们用心和真诚把它包装一下，客户不是更好地接受了吗？

## 案例23

### 番禺某支行巧妙借力，资源置换，抱团开发

这个案例虽小，但网点巧妙地通过资源置换，沿着"客户零钞兑换大额钞票需求—网点引导客户存钱—网点在邮政内部寻找零钞客户—零钞客户帮助解决客户需求"这样的轨迹，存款水到渠成，在达成交易的同时，开拓了5个潜力客户。资源的整合，于细微处见功夫的灵活做法，在一线网点的经营中有实际的借鉴和推广意义。

2012年3月11日，番禺区某支行邮务类的一位女性大客户打来电

话，告知她单位有一批20万元的一元零钞要求兑换成大面额的钞票，看看网点能否帮忙。邮务负责人立即将电话转给了金融网点的负责人韩超。接到电话，韩超第一时间和客户热心地聊起来。通过了解，得知了一些信息：该笔零钞款是该公司的客户——一家公交车公司付给的一笔货款，都是一元的零钞，一共20万元。客户很头疼，客户一向合作的工商银行不愿意处理这笔零钞款，于是尝试联系了邮政。

接到客户的请求，韩超立即登门拜访，既是上门查看实物，更重要的是获得更多企业的信息。韩超抓住这个关键的人物，与客户热心详谈，逗得客户哈哈大笑，双方的关系立即变得融洽起来。韩超顺势提出要客户将这笔钱存到东城支行，客户一开始还有点犹豫，主要是考虑到工商银行是其结算行的缘故，但是韩超顺势给其介绍邮政储蓄银行的新业务，特别是还可办理"代办车船税""代交违章"等新业务，一下子打动了客户的心。她很爽快，立刻和公司领导商量，答应将这20万元转成邮政储蓄银行的存款。虽然得到了20万元的存款，但要消化这堆零钞，业务量非常繁重，单凭一般的手续，大半天的工夫也处理不了。如何把这20万元尽快处理好，并且减轻人力，实现效益最大化，成为网点思考的第一问题。

韩超结合周边的市场和客户情况，抓住货币的兑换本质，头脑中闪现一个想法：兑换。如果把这堆零钞全都兑出去，手续就简单多了。于是，网点负责人韩超做好分工：首先，积极报知区局金融中心，金融中心以最快的速度在内部的沟通平台上发布信息，并帮忙联系一些靠近批发市场的网点，将信息告知客户；其次，网点分头联系自身的商户，并告知有好消息，有大量一元的零钞可以提供，马上可以进行预约；最后，网点立即走访附近的小商铺、市场老板、快餐店等，逐个走访广泛宣传，把这些客户平时很难在其他银行得到的零钞作为自己的优势进行宣传。

第二天一大早，20万元的零钞即刻全部兑出，同时银行获得了该客户的 20 万元存款。在兑换和走访的过程中，集中力度的宣传也发展了 5 名大客户，实现了 75 万元的存款。既给客户提供便利，又趁机进行了最好的宣传，切入点合理、合适，受到了商铺的喜欢。

在这个案例中，韩超为项目攻关关键人物，以热心的攀谈开始，并巧妙地借助"车船税""代缴违章"等新业务为切入点，引导客户不断产生新的需求，在达成 20 万元存款的同时，带来 75 万元的系列客户存款。这对于有类似业务的银行网点的片区开发具有借鉴意义。

由于邮政储蓄的客户群多为生意客户或者代发类客户的上下游资金链等，零钱兑换的需求在一线网点的经营中普遍存在。在兑换零钞的过程中，要充分考虑利用内部 29 个网点的客户资源优势，将 A 客户的需求化为 B 客户或 C 客户的需求，实际上延伸了客户的服务性需求，将清点零钞的压力化为无形，具有优化流程、提高工作效率的意义。到商铺等以零钞为切入点进行宣传，切入主题合适，倘若以后这种阵地的小范围宣传不断扩大和辐射，形成潜移默化的影响，对平台宣传具有长远意义。

## 案例 24

### 裕安某储蓄所理财经理谈"赞美销售"

销售的方法有千万种，但是善于投其所好，利用寒暄赞美法促成销售，能令销售事半功倍。

记得看过销售书籍这样的一句话："花儿不能没有水，女人不能没有赞美，鱼儿离不开水，男人离不开面子！"我是在实战的销售过程中找到答案的，下面我和大家分享一个案例，与大家在销售的道路上共同进步。

大堂经理独具慧眼，看到一位客户是有潜力的，于是快步主动上前引导，以优质的服务帮客户办完业务后也顺理成章地转介至理财室进行

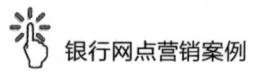

资产配置建议。

客户到了理财室,我先对客户的外形狠狠地赞美了一番后,进而了解到客户是做红酒生意的(这个信息对我来说太重要了,下面的话题我已经准备好),于是又从内涵方面赞美,适当地做出一个羡慕她的眼神动作,让客户感受到你是由内到外都羡慕她。

我:"要想成为一位出色的上流女人,学会品酒应该是必不可少的课程吧?"

客户:"对呀,品酒确实是一门学问。"

我:"其实我也想逐渐往这层次靠拢,可惜一直没有找到很好的机会学习。我今天真幸运,认识了您这么一位有修养的美女,不知以后我可不可以向您学习学习呢?"

客户:"可以呀,我们可以互相学习,就像我如果今天没来银行的话,还不知道我的账户已经达到VIP条件了呢。"

我:"那就这么定了,很高兴认识您,以后多多指教!"(站立递交了名片)。

得知客户账户里的资金是备用的,暂时不会动用,还询问到其他银行有流动资金,我果断地向客户提出把这20万元交给专属理财经理(我)来配置,客户在愉悦的心情下非常爽快地答应了。

我为客户配置的步骤:第一步,把活期、定期、人民币理财产品在通货膨胀的因素下给客户简单地分析了一下。第二步,将人民币理财、趸交保险、期交保险进行匹配。人民币理财时间短,是非保本的产品,适合生意经常周转的储户。趸交保险期限为3～5年,是保本保息产品,回到老家可以支取,未满期可以贷款现金价值的70%进行周转,客户认同。期交保险时间为中长期,有不同的期限供选择,客户认同。第三步,分析了女人存私房钱的必要性和为婚姻保驾护航的重要性,理念到位,客户认同。第四步,再次通过寒暄赞美来肯定客户:"您真的是一位善解人意、宽容的现代女性,很少女人可以做到的,您这朋友我真是交定了,能够向您学习,是我以后工作的动力。"听了这么多,客户主动递交了名片给我。第五步,在开心的交谈氛围下,我把产品的特点、优势、注意事项一一告知客户并充分说明,客户感受到我服务的真诚,对推荐的产品没有隐瞒,很放心,欣然签下3万元期缴和17万元趸交产品。

其实,销售人员的技巧并不在产品上,而是在了解客户上。善于捕捉客户信息,学会赞美,销售也就在此时水到渠成。这就是我赞美女性客户的销售成功案例。

男人极看重的就是面子,这就是男人喜欢赞美的根源。当你赞美别人时,他嘴上会说"哪里哪里,只是运气好而已",其实心中却是志得意满,这就是本性。我们不习惯赞美并不代表客户不习惯听赞美,客户不习惯听赞美并不代表不愿意听赞美。当然,赞美也是需要技巧的,我们称之为赞美的艺术,其关键就是找出客户身上确实有的一些优点和长处,然后重复给客户听。或者可以这样讲,适当的赞美在本质上就是一种认可、一种迎合。但不要过分赞美,过分赞美则会远离实际,弄巧成拙。

### 策略点评

在金融领域,银行社区营销人员面临的主要任务是确定哪些人对哪些产品最具影响力,以使这些人在最大限度和范围内施展其影响,要求针对不同的目标市场,实施市场细分,要善于满足客户的不同需要。

# 第 09 计 诱之以利

诱之以利类似于三十六计中"攻战计"的"调虎离山",目的在于削弱对方的抵抗力,减少自己的危险。作为兽中之王的老虎占据地形有利的大山,必然横行无忌,难以捕获。如果"调"老虎离开大山,最后捉到它,最好的方式就是诱之以利。

## 案例 25

### 青岛某银行支行举行中秋贵宾客户答谢活动

青岛某银行网点为了拉近与贵宾客户之间的距离,进一步扩大优质客户群体,提高客户的忠诚度,以中秋答谢客户为契机,于周日先后组织了茶园采摘、登观光园、爬毛公山、吃葡萄等一系列贵宾活动。

周日零售部人员牺牲宝贵的休息时间一大早就来到支行恭候客户,8 点半之后客户陆陆续续地到来,9 点准时向目的地出发。途中他们将事先准备好的材料发给大家,并告知客户在吃饭的时候会进行有奖问答,题目就在材料中。这充分地调动了客户的积极性,大家饶有趣味地看着,一个小时的行程转眼就过去了。

到达目的地后的第一个环节是爬毛公山,尽管当时天气炎热,也丝毫不能阻挡客户们的热情。山间回荡着怀旧的革命歌曲,很多上年纪的客户随声附和,几乎是一鼓作气就爬上去了,到了山顶大家纷纷合照留作纪念。午饭是在一个农家小院里进行的，席间零售部人员准备了几个有奖问答，客户的回答声一波高过一波，不一会儿准备的礼物全部发了出去。客户边吃边聊，本来相互之间不认识的人，饭后俨然变成了老朋友。

午饭结束后他们进行了最后一个环节——采摘葡萄。茂密的葡萄架上挂满了葡萄，一些小朋友兴奋地做起了"小义工"，给大家摘葡萄、洗葡萄、分葡萄。他们的家长则坐在葡萄架的荫凉下品尝这自然的美味。大家依旧是三三两两地坐着聊天，时不时传出阵阵笑声。

从葡萄园出来后他们踏上了回程。一日游结束了，回来的途中客户纷纷表示这样的活动很有意义，采取这种方式答谢客户比单纯地送礼物要好得多。一方面，大家平时没有时间出来走走，借这个机会可以带家人出来放松放松；另一方面，可以结识新的朋友，扩大自己的交际圈。

通过茶园采摘、登观光园、爬毛公山、吃葡萄等一系列贵宾活动，银行在增进与客户的感情的同时，又宣传了网点所属银行的产品和服务，老客户还为网点引荐了一部分新客户，进一步扩大了网点的基础客户群。

## 案例 26

### 某银行网点以产品吸引客户，以服务留住人心

2011 年 11—12 月，为了打好"开门红"这场战役，某银行网点提早筹划，对外对内进行统筹布局。对内以网点收入为指引，引导网点自主当家，做好经营；对外结合社会热点，深掘客户需求，为客户服务创造机会，以"产品＋服务"的理念做好客户维护。

从 2011 年 11 月开始，该网点结合市局客户分级维护工作要求，对所有社保客户信息进行梳理，分层次做好客户回馈与维护。

一是在全区范围内统一设置活动，吸引客户到前台办理业务。元旦及春节期间，网点抓住当地人春节喜欢好彩头的传统习俗，统一设计"新春抓彩"活动，有效避免往年春节网点无客户的情况。这一活动吸引了大量客户，社保老人参与的积极性与热情更是高涨。

二是通过片区营销，加强"金龙添福"的宣传力度。在社保户集中的文化公园、社区开展形式多样的片区营销活动，以"反假币""安全理财"等主题，与客户进行互动，提高客户对该网点的认可。同时结合"金龙添福"，吸引更多的新客源。

三是为了提高客户忠诚度，在后续跟进服务上，网点采取"理财+沙龙"的形式，以服务留住客户，提高客户忠诚度。对喜欢国债的社保老人，及时以电话或短信的形式告知社保客户；对有意向的客户，争取帮客户购买到产品，提高客户服务满意度。定期组织形式多样的理财沙龙，以"生日会""健康养生"等为主题，邀请客户到网点参加活动。

截至3月14日，全区共销售"金龙添福"23188份，预计新增存款2318.8万元，有效带动网点开门红余额新增。

开门红社保的客户营销主要抓的是服务，比的是贴心。先以产品将客户吸引到网点，再用服务留住客户，取得了比较好的效果，有力拉动网点余额的新增。

## 案例27

### 中信银行某支行通过"游九水、吃樱桃"答谢贵宾

中信某支行为了拉近银行与新增贵宾客户的距离，进一步带动网点的零售业务发展，特别组织了贵宾"游九水、吃樱桃"一日游活动。

这天一大早，事先预约的30多位贵宾客户陆陆续续地来到这家支

行。可能是天气晴朗的缘故，这些贵宾客户们显得情绪格外高涨。几位老干部艺术团的贵宾在途中为大家一展歌喉；支行经理刘建也"抛砖引玉"，献上了一曲《弯弯的月亮》，博得了客户的阵阵掌声；接下来，几位艺术团成员的女生小合唱将气氛推向了高潮……在欢歌笑语中，大家不知不觉地到达了目的地。

看着红红的樱桃点缀在绿树丛中，让人不禁心里欢喜。虽然走了半个山头才到达樱桃园，但伴随着第一颗樱桃下肚，甜甜的味道让客户不禁感叹：想吃好樱桃必须爬高山！经过一场大雨的洗礼，樱桃格外干净，在阳光下愈加地诱人食欲，大家一边讨论着吃樱桃的益处，一边采摘樱桃，一片其乐融融的场面。有位70多岁的女贵宾，累了坐在旁边休息，其他客户纷纷把摘到的最好的樱桃递给她，她激动地说："我应该是今天最幸福的人了！"

经过一个多小时的"扫荡"，大家的肚子都填满了樱桃，满嘴甜甜的味道，看看表已经是12点了，就在预先安排好的农家院里品尝农家宴。席间，支行员工与客户做了充分的交流，并在饭后茶歇之时发放了精心准备的宣传材料，针对客户提出的问题做耐心解答，通过交流，客户对支行的产品和服务等内容有了更直接的了解。

客户对此次活动非常满意，纷纷表示不仅吃得好、喝得好，更重要的是能够放松一下紧张忙碌的心情，希望能够有更多的机会参与这种活动。在返回支行的时候，几个新客户接着开了支行的"七彩华龄卡"，并表示将资金转移到支行里。

通过这次活动，该支行与客户的关系进一步拉近了。支行工作人员表示：在以后的业务发展中，我们也会尽力多做一些活动邀请客户参与。相信通过我们的不懈努力，我们支行的零售业务会越做越好！

**策略点评**

在现代经商活动中，当自己和对手共同争夺一块市场时，如果用协商的方法不能解决，就可以考虑攻击对手的另外一个市场，以分散对手的精力，使其首尾难以兼顾，最终达到自己的目的。本计所展示的案例中这几种设定利益目标的方法，就是诱之以利中"诱"的方法。

# 第10计 动之以情

动之以情旨在运用以情攻心的手法感化对方,达到为我所用的目的。攻心之道,在于洞悉人的心理,闻心声、知心思、懂心法、用心术、导心神、入心髓,知其心而以情动,方得个中窍要。在银行社区营销活动中,营销员要让产品能够为客户带来收益,帮助客户排忧解难,不仅要对自己的产品有充分的认知,做好精心的服务,更重要的是根据客户需求来进行营销,这样才能真正做到对客户动之以情,最终撬开营销的大门。

## 案例28

### 贵阳某社区银行开展关爱留守儿童结对帮扶活动

2015年6月6日,某社区团委、社区银行走进贵阳×××小学,开展了主题为"献爱心、共成长,关爱留守儿童"的结对帮扶活动。在活动中,社区文化志愿者为孩子们带来精心准备的文艺表演。为了欢迎志愿者,孩子们也献上了他们苦练多日的《留守的天空》等节目,通过文艺表演的方式倾吐他们的心声,表达对大家的感谢,打动了在场所有的人。

在此次活动中,社区银行全体成员群策群力,积极参与,除了参演节目外,还向小朋友捐赠了体育器材。社区的爱心银行"和悦之声"

艺术团也积极发动团里的 58 名文化志愿者为留守儿童捐款，共计 3100 元。此外，爱心银行还将辖区爱心人士张先生捐来的手风琴转赠给了×××小学，祝愿同学们的生活谱写出快乐的乐章。

通过开展×××小学结对帮扶活动，该社区银行为这群远离父母的孩子送去了快乐与温暖，以实际行动感染了客户的心。

## 案例 29

### 桂林某社区银行举办"丽泽情"邻里节活动

自 2006 年以来，桂林市某社区银行举办了第九届"丽泽情"邻里节活动，通过这样的活动打破了邻里之间的冷漠关系，为居民们搭建起一个相识、相知、相聚的情感交流平台，真正做到了"让陌生的邻居熟悉起来，让疏远的邻居亲近起来，让寂寞的楼道热闹起来，让困难的邻居幸福起来"。

结合这一契机，该社区银行在支行行长的周密安排和精心组织下，又一次来到了某社区，展示社区居民与银行邻里一家亲的和谐场面，与某社区携手举办了以"重阳情·中国梦"为主题的"丽泽情"邻里节活动，让老人度过了一个快乐、祥和的节日。活动的目的主要是让老人们在业余时间老有所乐、老有所需，让"最美莫过夕阳红"的年龄绽放光彩。社区银行为此组织了丰富多彩的活动，如文艺表演、知识问答、社区居民一家亲活动等。当天发放宣传资料 300 多份、理财宣传单 180 份，现场 20 名客户有理财意向并进行了预订。居民对该行开展的这项活动给予高度评价，都说他们的服务做得非常到位，感觉就像自己的家人，看着就暖心。

该社区银行通过"邻里节"这一平台，达到群众文化交流、居民关系融洽、社区平安和谐、社会稳定繁荣和各单位相互之间紧密联系的目的。同时，利用此次活动，该社区银行面向某社区的居民进行桂林银行相关金融业务宣传推广，如漓江理财、网上银行、手机银行、如意宝、个人定期存款、八桂旅游芯片卡等业务，并且利用该行的积分平台吸引新老客户，拓展该行的各项业务。

## 案例 30

### 桂林某支行"暑假去哪儿"小小银行家暨快乐财富体验班活动

小学暑假之际，桂林某支行为了促进桂林银行产品推广和销售，针对支行附近分布的几所小学学生及家长开展暑期公益金融服务活动，收集学生及家长相关资料，并进行针对性营销。

万事开头难，第一期"暑假去哪儿"小小银行家财富体验班开班至关重要，支行为此做了各项准备工作。在参加对象方面，支行决定从小学选择客户群体，预先做好宣传单与海报，到小学进行现场营销和活动预热，与学生和家长进行初步的认识和交流。在活动准备方面，支行分工进行PPT制作、主持人串词的撰写、客户邀请的电话通知、活动期间各项道具礼品的采购和配置，在活动前一天晚上将所有工作准备完毕。

支行特别使用了桂林银行积分商城礼品中的棉花糖机为孩子们带来新奇欢乐的感觉，让整个活动开始前气氛轻松和谐，同时导入存款有积分、积分换礼品的目的。背景音乐选用孩子们时下喜爱的《喜羊羊与灰太狼》《爸爸去哪儿》《小苹果》等歌曲烘托气氛。为了便于孩子与家长之间的分配管理，支行为孩子和家长均制作了胸贴号码牌。在签到处进行宣传单的发放，并宣传支行的微信公众平台，方便客户关注，为后续的营销跟进做准备。

整个活动进行过程中，支行通过发放给家长的宣传折页，让家长重视对孩子财商的培养。课程中，支行用IF币兑换的模式贯穿整个活动，有效吸引了孩子们的注意力，让孩子们积极地参与每个环节的互动。最后的感恩父母与心愿树环节,让孩子与家长的爱得到了尽情的表达,让观看活动的许多人感动落泪。

为了获取孩子背后的家长资源,更好地做好后续跟进客户的工作,支行将每一次活动的留念照片贴在支行大堂,让孩子家长亲自来银行领取,以达到与客户进行二次碰面营销的目的。另外,支行利用总行开展的小小银行家征文比赛活动,也可以得到与孩子家长再次见面的机会。同时,邀请家长关注支行微信公众号,进一步做好支行的微信营销。家长们在朋友圈转发参与活动的微信,使支行的形象得到了良好的第三方宣传,为下一步家长圈的活动营销奠定了基础。

动之以情,即"用感情来打动别人的心,用道理来使别人明白"。银行销售人员在工作中要注意以情动人、以情感人,最终对工作产生积极的促进作用。

# 第二部分
# 合作篇——联合作战

  联合作战是一种大心胸、大格局、大气象。那些有成就的银行都是善于合作的高手，他们以利奇为主，引导对方，求同存异，了解人才，动察人性，谋相同的事，说团结的话，其造势引势之能不乏苏秦和张仪之风。例如，商家联盟、交换合作、投贷联动、跨界创新、树上开花、利益捆绑、李代桃僵、浑水摸鱼诸计策，各有千秋，不同故事。

# 第 11 计　商家联盟

竞争需要合作，合作也是一种竞争，并且是一种高级的竞争。单个商家仅凭一己之力，已不足以应对快速多变的经营环境。商家走联盟之路，依靠牢固的合作关系，在市场中站稳脚跟，不失为明智的选择。

## 案例 31

### 桂林银行某支行与中心广场居委会共同举办大型创城活动

桂林银行某社区支行与中心广场社区居委会为"结对子"单位，为了加强双方的紧密合作，他们配合居委会开展了一次寓教于乐的综合性活动。这个大型创城活动既可以丰富社区居民的业余生活，宣传创城卫生知识，以综艺表演与知识问答的形式对社区居民进行创城卫生教育，又可以宣传该行业务，使支行"市民银行"的形象更加深入民心。

本次活动的参加人员为中心社区居民、义务巡防队员、白衣天使志愿者、进社区离退休人员及党员等，整个参加人群本身就具有一定的社会影响力。举办此次活动，有利于提升桂林银行的品牌形象，扩大桂林银行的认知度。

在活动进行期间，支行面向所有参加人员及当天路过滨江路该路段的市民进行桂林银行相关业务宣传；以支行新推出的"八桂旅游卡"为宣传重点，辅助宣传支行漓江储蓄、漓江理财等产品，吸引客户群的关注度，为零售业务的进一步开展奠定良好的基础。

同时，支行通过发宣传单及客户经理面对面方式向周边人群进行业务宣传，并在活动现场提供开卡服务，发展新客户，增加发卡量，并实现储蓄存款的增量。

活动期间，现场开展桂林银行业务宣传，新开"八桂旅游卡"70余张，开发理财意向客户10人，现场关注支行公众微信号50人。此次活动有效地收集了客户信息，为支行后续的营销工作奠定了坚实的基础。

## 案例 32

### 中信银行某支行生活 U 社区联合多家银行推出全新 O2O 模式

中信银行某支行的生活 U 社区对 O2O 模式进行了新的应用，其"分期支付"让消费者获得良好的消费体验。生活 U 社区平台联合多家银行，为消费者提供一年 12 期分期支付模式，并且消费者不承担所有的分期支付带来的利息及手续费，降低了商家高价服务产品的消费门槛，可吸引到更多的客户。目前，生活 U 社区已与 1500 多家商户开展合作，并初具规模。

生活 U 社区与银行、商户签订三方协议，做小额贷款，由消费者在一年内分期支付，向消费者承诺零首付、零利息、零手续费。生活 U 社区省去了物流环节，为避免商户"跑路"，还引入了保险（放心保）机制，对于消费者来说没有风险，利益受到了保护。

另外，生活 U 社区联合商户为消费者提供的产品与团购网站的"高频低价"服务产品完全相反，以"低频高价"为主，例如，母婴早教的年卡、美容健身年卡、教育培训学费、旅游等。消费此类产品的客户对商家具有长期价值，提升服务的积极性不会降低，消费者的用户体验也就不会受到影响，因此实现了商家和消费者的持久双赢。

尽管生活U社区不是一家社区银行，但是其做法却值得商业银行认真学习。生活U社区在消费模式中引入的分期支付模式，让消费者通过银行POS机刷卡或者网上银行进行支付。这种通过POS机切入的O2O可以对用户行为进行记录，发掘消费后市场，实际上是一个PO-SCRM（会员管理）优惠券的模式。所以，这种切入不仅能够实现闭环，还能掌握一个大数据。通过会员在各处刷卡的信息，还可以判断会员的喜好和消费习惯，并且可以有针对性地推送广告，丰富了商业模式。

## 案例33

### 深度解析银行与P2P之间的战略合作

2015年3月间，多家股份制商业银行已在资金托管、支付结算、财富管理等多个方面与P2P平台达成战略合作协议，可见商业银行也在紧跟市场形势，暗中布局互联网金融。

这些合作包括：中信银行联手宜信进行多领域的战略合作；招商银行上海分行与你我贷签署战略合作协议；浦发银行与ppmoney在资金系统对接、风险准备金等方面达成战略合作；平安银行积极推进P2P资金托管方面的相关措施，等等。

银行与P2P之间的战略合作有许多利好：在资金托管上，商业银行要履行安全保管客户资金、办理资金清算、监督资金使用情况、披露资金保管及使用信息等职责，为客户做好资金专款专用、提高效率、防范风险、提升信用的资产托管业务；在支付结算上，银行强大的支付清算系统以及专业的流动性管理制度能解决投资人提现难题；在风控经验上，银行能强化P2P市场风险、利率风险、流动性风险、操作风险等各方面的风控经验。

总之，金融互联网（银行）与互联网金融（P2P）可对接的点数不胜数，包括资产包的代销、大数据征信与传统征信的合并处理等，但归根结底，支持一个互联网金融平台长期发展的一定还是良性运作的资产业务，所以从资金托管入手去试水这个行业，也许是目前银行的最优选择。

**策略点评**

商家联盟主要是商家之间通过共同分担营销费用，协同进行营销传播、品牌建设、产品促销等方面的营销活动，以达到共享营销资源，巩固营销网络目标的一种营销理念和方式。商家联盟一般要求商家全方位地寻求能够与自身品牌定位相一致的一方进行合作。

## 第 12 计 交换合作

交换合作即通过资源的交换来达成合作,最终达到双方各自的目的。用于交换的资源包括有形资源,如固定资产;无形资源,如技术、人才、信息、管理经验、文化等。

### 案例 34

#### 兴业银行通过信托公司向中航地产贷款案例

政策法规的诸多限制进一步削弱了信托公司占领新领域的竞争力,仅靠信托公司自身的力量摆脱困境,短期内仍比较困难。从世界范围来看,与银行有着良好互补性的信托公司大多与银行有着紧密的联系,因此对信托公司而言,与银行合作是当前宏观环境下的必然要求。合作主要方式有信托贷款类银信合作、信贷资产转让类银信合作、上市公司股权收益权投资银信合作、私募股权类银信合作、证券投资类银信合作等。下面来看证券投资类银信合作的案例——兴业银行通过信托公司向中航地产贷款。

银监会于 2010 年 8 月颁发了《中国银监会关于规范银信合作理财业务有关事项》,其中有银信合作被叫停的相关信息,中航地产却在此时通过与江南信托公司合作的方式,向兴业银行借得巨款 4.6 亿元。

中航地产面对社会的质疑,声称公司是在 2010 年 7 月 1 日与江南信托公司签订了五份合同。其合同签订日期在2010年8月《中国银监会关于规范银信合作理财业务有关事项》（以下简称《事项》）颁布之前，所以与《事项》并不冲突。中航地产与江南信托签订的五份合同期限均为两年，即2010年7月—2012年7月。贷款采用了浮动利率的方式，当时年利率为8.3%，信托贷款所获得的利息即信托所获收益，信托报酬按照贷款总额的0.3%每年收取。

另外一点值得注意的是，中航地产与江南信托之间并不是单纯的合作关系。中航地产的实际控制人是中国航空技术国际控股有限公司，其母公司是中国航空工业集团公司，而江南信托是其控股子公司。与此同时，中航地产控股股东中国航空技术深圳有限公司是江南信托的股东之一。因此，上述交易兜兜转转，构成了关联交易。

对于这次的信托贷款质疑，中航地产表示，这次贷款主要是因为公司长远发展而资金短期不足，赶上《事项》的颁发实在是意料之外。实际上，银监会在2010年7月2日就已通知多家信托公司，要求从7月5日开始全面停止银信合作业务。而此前，银行通过信托方式变相增大了贷款规模，到2010年6月，这块业务规模已经超过2万亿元，数额过大而增长率又很高，银监会不得不采取监管措施。

但中航地产也在公告中表示，兴业银行早在2010年4月30日就与江南信托签订了《江南信托天顺12号兴业银行单一资金信托合同》，7月1日又签订了该合同的补充协议《信托认购及追加申请书》。这项合作并不是仓促决定，而是在《事项》颁布很久之前就已经计划好了。这次可以在《事项》颁发之前贷款，纯属巧合。

以上是一起银信合作发放贷款的案例，专家认为，从信托公司、商业银行或宏观调控政策的不同角度出发，对银信合作的利与弊有着不同的认识。从信托公司的角度来看，因为其主动管理的能力在银信合作流程中表现不强，因此在合作获益中处于食物链的最底层。从商业银行的角度来看，银行在其合作中掌握资金流向，控制主要资产，处于三方合作中的主导地位，在规避资本监管的同时隐藏了风险。从宏观调控政策的角度来看，银信合作的这种方式极大地影响了未来的经济发展。这样的行为使银行利用了监管的盲区，无限制发放表外贷款，而又避开了监管，银行从中获利，属于影子银行的行为，在日本的泡沫经济时期就存在大量银信合作中借款人无法偿还借款的现象。银行因在银信合作中具有金钱资源优势，处于核心地位。专家建议，对银行进行监管要规范银信合作的方式，规避其弊端，但监管力度与方式要适当。一方面，如果对银信合作业务监管太过严厉，银行可能寻求其他方式把交易做得复杂，之后更加不容易被监管；另一方面，如果监管力度不够，银信合作的规模会更大，更不容易监管，会造成市场经济的混乱。因而，我国要引以为戒，既不能单纯"叫停"，也不可放任不管，要规范银信合作行为的各项监管。

## 案例 35

### 宇信易诚联手华为，制胜未来银行业

宇信易诚的全称是北京宇信易诚科技有限公司，是中国银行业 IT 解决方案领导者之一。为了加强企业核心竞争力，通过差异化竞争在市场上取胜，宇信易诚根据外部环境变化、自身资源和能力，对未来一段时间公司的发展领域做出了新的战略部署：对现有业务进行重新规划和梳理，加大产品创新和业务创新，完善相关产品线。同时，宇信易诚将合作伙伴价值生态圈建设、加强与国内外相关厂商的合作作为公司发展的重要战略。

2015 年初，宇信易诚与华为从解决方案层面进行了深入的合作，共同建立了联合创新中心和联合实验室，发挥双方优势，强强联合，响应整个行业的转型和创新需求，为行业客户提供有价值的优秀解决方案。

华为的ICT产品线完整覆盖从能基、网络、IT、融合通信、信息安全各领域，能为金融用户提供一站式的IT基础平台解决方案。在此基础之上，宇信易诚和华为结合用户的业务需求，对应用系统和IT管理系统进行了深度的优化，创新地实现了基于华为云平台的应用一键式部署和自动的横向容量弹性扩展；基于华为提供的全媒体通信能力，结合宇信对消费信贷业务的深度理解，双方共同研发了针对小额信贷业务的远程授信全媒体自助服务平台，并于2015年5月17日正式在宇信数据（宇信易诚子公司）上线，帮助用户快速扩大消费信贷市场容量，提高经济效益和社会效益。

宇信－华为联合创新实验室的产品和应用解决方案，特别是"金融云解决方案"和"全渠道银行解决方案"，分别在2015年4月8日西安农信技术沙龙和2015年7月23日华为全球金融峰会上对外进行了发布和展示，受到了业界的广泛关注，并取得了非常好的反响。目前已有多家银行客户咨询相关方案，为后续项目机会的拓展奠定了非常好的基础。

随着宇信易诚和华为在产品及解决方案层面的合作不断深入，华为的IT基础设施支持能力和对ISV应用嵌入的服务能力在双方的合作中得到了充分的体现。而在宇信易诚方面，华为给他们提供的不仅是人、财、物方面的支持，更重要的是华为的奋斗精神在整个合作过程中潜移默化地影响着宇信易诚。宇信易诚也非常欣赏华为的开放、分享及被集成的合作策略。

## 案例 36

### 代发工资，银企合作共赢稳发展

代发工资业务对银行来说正好在专业范围内，对企业来说也有这方面的需求，因此二者在这方面达成合作可以收到较好的效果。正是看到了这个结合点，某银行支行坚持存款立行的经营理念，紧紧围绕抓好储蓄存款这一中心任务，以代发工资业务作为稳存增存的重要手段，坚持把发展代发工资业务作为撬动个金业务的支撑点和储蓄存款的稳定器，将代发工资业务作为推动银行卡发卡、电子银行、储蓄存款等业务快速发展的源头项目来抓，不断创新代发工资业务营销模式，加大新项目、新产品的推广应用力度，积极发展网银代发工资业务，持续增强××支行在代发工资市场的核心竞争力。

该支行在项目实施过程有几个关键做法：

一是提高思想认识，调整经营模式。代发工资业务作为一项源头型、基础型的业务，对于扩大个人中高端客户、增加资金来源、提高个人理财业务收益有着巨大的作用，具备很大的挖掘潜力和提升空间。因此，该支行将代发工资业务作为一项长期性、战略性的基础工作来抓，通过晨会、心得分享等多种形式向员工传达营销代发工资业务的重要性，使员工从思想上切实提高认识，积极主动参与代发工资业务营销。同时，该支行充分认识到代发工资业务对银行卡发卡、电子银行、储蓄存款、扩大客户规模等方面的积极作用，迅速调整业务发展思路，加大对代发工资业务的投入，强势开展代发工资业务营销工作，进一步加大代发工资市场拓展力度，突出支行先进的网银代发系统，不断扩大业务规模，努力带动支行各项业务快速发展。

二是转变营销观念，拓展中小企业。在业务营销工作中，该支行坚持抓大不放小的营销思路，在继续做好社保发放、行业龙头单位的挖潜工作的同时，积极拓展中小企业市场，提早与单位做好沟通协调工作，加大宣传，做好开卡及企业和个人金融产品的推介工作，同时加大各类市场的调研和推广力度，寻找切入点，积极展开其他金融产品的捆绑营销工作。

三是两手抓，两手都要硬。一手抓"全面做好代发工资准客户营销工作"。前台柜员为客户办理业务时，时刻关注客户情况，发现可发展代发工资的准客户及时转介给该支行客户经理，客户经理通过与准客户面谈，了解客户的员工数量、员工持卡情况、工资发放情况等第一手信息，为客户设计融代发工资、个人理财在内的一揽子个人金融服务方案，带动各项业务的全面发展。另一手抓"加强对代发工资单位的维护"。为此，该支行为所有代发工资单位建立了档案，包括单位名称、地址、单位负责人、财务负责人和联系电话、职工人数以及月代发工资额，对各代发工资单位实行精细化管理；加强了与各单位的沟通和联系，密切关注代发工资单位的变化。对这些单位进行代发工资持续营销和再营销的同时，防止他行对支行代发工资单位的挖转。

四是加强考核，有力督导，提升渗透。该支行认真落实代发工资营销拓展业绩纳入绩效考核体系的激励机制，为有效拓展代发工资业务奠定了基础，对在代发工资业务中有突出贡献的员工予以奖励。此外，支行不断延伸代发工资业务服务内涵，积极与代发工资企业展开联动，通过举办小型理财沙龙、理财讲座等主题营销活动为代发工资客户提供高附加值的服务，有效提升客户对该支行的忠诚度。同时，支行定期召开代发工资业务推动会，逐户进行分析落实，促进代发工资业务与捆绑业务渗透式快速发展。

通过不断努力，该支行取得了代发工资业务的快速发展。截至当年3月初，新增代发工资户6户，完成开门红任务进度120%。其中，网银代发5户，代发工资新增发卡（折）175张，新增客户175人，新增代发工资金额55万元。

### 策略点评

交换合作是当今商业活动的一种普遍形式，银行也常常采用这种方式做营销，以扩大知名度、树立形象，实现增加产能的目标。那些具有开放思维的银行，能够打开眼界，以自身的资源优势赢得多方合作，从而获得了长足的发展。

## 第 13 计 投贷联动

投贷联动，是指银行对科技型、创新型企业进行"股权+债权"的投放，以股权收益弥补信贷资金风险损失。银行片区营销需要营销员视野开阔和知识丰富，因此学习投贷联动知识是必要的。事实上，投贷联动这项业务现在已经迎来了一个全新的发展时期，而商业银行也开始加速投贷联动布局。

### 案例 37

#### 国家开发银行的股权直投模式

关于股权直投模式，由于现阶段我国银行从事股权投资业务要面临商业银行法的限制，除国家开发银行获得了国内人民币股权投资牌照，可通过其子公司国开金融或国开证券开展直接股权投资业务外，其他商业银行无人民币股权投资牌照，不能像国外银行一样在其境内直接进行股权投资。

国家开发银行有一个全资子公司叫作国开金融，于 2009 年 8 月成立，拥有目前国内银行业唯一的人民币股权投资牌照。当前国开金融投贷联动业务主要包括两部分：夹层投资以及与国家集成电路产业投资基金合作。在国开金融夹层投资业务中，与国开金融达成夹层投资合作意向的企业将获得国开金融的直接投资，且有优先向国开行申请贷款的权利。之后企业每年按出资比例向国开金融进行分红。此外，国开金融还将从各方面协助企业发展，如改善公司治理，协助公司境内外上市意见咨询、战略制定、行业研究等。

2010年8月17日，华东数控发布公告称，与国开金融签订《国开金融有限责任公司与威海华东数控股份有限公司关于投资威海华东核电设备有限公司之意向协议》，主要内容：国开金融有意向以股权投资形式投资公司全资子公司威海华东核电设备有限公司，拟投资额为人民币2亿元，占计划注册资本的20%。协议中特别提出，双方合作的投贷联动模式，即如有贷款需求，国开金融与华东数控同意共同促进华东核电优先向国家开发银行申请贷款，国家开发银行在满足贷款条件的情况下优先受理。

## 案例38

### 招商银行的曲线股权投资模式

曲线股权投资模式，指商业银行通过境外全资直投子公司股权投资本行推荐的优质客户，本行再根据客户不同发展阶段提供相应的产品支持，提升本行综合化金融服务水平。

2015年6月25日，招商银行与SOLARZOOM光伏亿家达成战略合作，双方签订了《招商银行与SOLARZOOM光伏亿家战略合作协议》《招银国际与SOLARZOOM光伏亿家股权投资协议》两项合作协议，其中，招银国际为招商银行香港全资子公司。协议规定，通过SLARZOOM资质审核的分布式光伏电站项目将获得招商银行一定期限的无抵押贷款，同时，招银国际将获得SLARZOOM光伏亿家一定比例的股权，该企业亦可通过上述股权质押再次获得额外贷款。这种投贷联动业务模式，不仅加强了SOLARZOOM光伏亿家与招商银行的合作意愿和强度，还拓展了招商银行原来受风险管理控制不能放贷的市场，并且能够有效地进行风险控制。

## 案例 39

### 北京银行与风险投资机构合作

商业银行与风险投资机构合作是国内银行较为普遍采用的投贷联动业务模式。一方面，商业银行凭借自身广泛的客户资源，为风险投资机构筛选推荐优质企业，并为风险投资机构提供包括财务顾问和托管在内的综合服务；另一方面，商业银行通过与风险投资机构合作，在风险投资机构对企业已进行评估和投资的基础上，以"股权+债权"模式对企业投资，形成股权投资和银行信贷联动。

北京广厦网络技术股份公司是一家从事物联网数据中心建设的科创企业，该企业已获北京银行支持多年，现有信用贷款 2500 万元。但企业随着进一步发展壮大，急需补充资本，银行信贷已经无法与其需求相匹配。基于对客户整体情况的熟知，北京银行为其进行了精准的推荐与对接，由第三方风险投资机构设计 1000 万元股权融资方案，直接进行股权投资。该模式中，北京银行对客户的发展前景分析和风险判断成为风险投资机构进行投资的重要依据。

此外，为了更好地给创业者"铺路搭桥"，联动企业、机构、银行、政府多方资源，2015 年 6 月 18 日，北京银行创新设立"中关村小巨人创客中心"，由此实现了"创业孵化+股权投资+债权融资"为一体的服务模式，也成为国内银行业首家推出"创客中心"的银行。北京银行创客中心以投贷联动创新为主线，通过联动企业、机构、银行、政府等多方资源，围绕股权投资、债权融资、创业孵化开展工作，搭建一个股权投资和债券融资联动的平台。截至目前，北京银行创客中心会员总数突破 5600 家，其中，创业期科技、文化、绿色类会员占比超过 80%，创客中心累计为 1027 家会员提供贷款逾 90 亿元。

**策略点评**

从目前的情况看,我国商业银行开展投贷联动业务主要有以下两种模式:第一,国家开发银行的股权直投模式。第二,其他商业银行的曲线试水模式。这种模式主要包括两种:一是通过境外全资直投子公司曲线股权投资模式;二是与风险投资机构合作模式。

# 第 14 计 跨界创新

真正的创新来自于跨界，这个跨界的思维就是运用资本思维运作企业。产融结合是跨界创新的一种重要方式，产融结合的思维就是倍增的思维，实业实体加上思维才是对的。事实上，实业是"1"，后面的金融思维是"0"，没有前面的实业，后面什么都没有！

## 案例 40

### 平安银行用"跨界整合"思维做银行

平安银行在 2014 年有一张漂亮的成绩单：平安银行 2014 年前三季度共实现归属于股东净利 156.94 亿元，已超过 2013 年全年水平，同比增长 34.18%，远超此前券商们的预期。发力互联网金融、整合集团资源为这家银行的创新提供源头活水；推进组织架构改革、积极主动转型为其实现"弯道超车"提供了充足的动力。

平安银行用互联网的思维进行思考，将互联网技术融入产品和服务之中，不断创新商业模式，有效切入实体经济，做"互联网时代的新金融"。互联网新金融平台正成为平安银行的主打优势之一。"橙 e 网""口袋银行""橙子银行""金橙俱乐部"陆续推广上线，"行 E 通"正式推出 2.0 版，成功构建面向公司、零售、同业、投行四大客户群体的互联网门户，成为该行物理网点之外的有效延伸。此外，平安银行还充分发挥综合金融的优势，针对黄金的货币属性发布了集黄金交易、支付、融资、理财等功能于一体的网上黄金管理平台——"黄金银行"。

银行针对投行专设的网上平台"金橙俱乐部"会员现已超过350家，前三季度，投行业务资产管理规模达2242亿元，实现中间业务收入23亿元，实现派生收益8亿元；实现托管费收入10亿元，同比增幅149%。

为各家合作金融机构提供交流合作的平台"行E通"已经升级2.0版。截至三季度末，行E通合作客户近300家，链接网点超4万家，涵盖银行、证券、基金等多类金融机构，1—9月同业产品销售额达2746亿元。

在组织结构方面，平安银行的零售大事业部制改革已顺利落地，现代农业、现代物流等事业部已完成筹备，金融同业专营、资产管理事业部改革已经完成。平安顺应新时代要求，在构架上完成了向专业化、集约化的转换。

业内人士认为，平安银行组织架构大刀阔斧地改革，是为了从产业链的整合中开拓更广阔的市场资源，即"跳出银行办银行"，用"跨界整合"的思维方式做金融，先培育，后收获。通过整合产业链上的资源，将客户的现金流入银行，实现闭环式循环。

平安银行在产品业务上的创新从未怠慢。2014年6月，银行信贷资产证券化产品第一单——平安银行资产支持证券产品正式发行，标志着我国信贷资产证券化扩大试点取得重大进展，也为银行拓展个人消费业务、增加居民消费能力探索出新的业务模式。

此外，平安银行利用其金融集团的优势，整合集团资源，开发出一系列新产品与服务。针对资产证券化、融资租赁等开发专项资金托管产品，发挥离岸业务牌照优势，构建新型产品组合，通过跨境联贷等业务，为"走出去"企业提供全球授信服务，实现全供应链的结算、融资一条龙服务。

同时，平安也将触角伸向市场的底端。平安推出针对小企业主的贷贷平安商务卡，将其打造成为小企业提供综合金融服务的载体和平台；推出了以"存贷合一，互为依存"为核心特征的创新产品"金领通"，为财富客户提供增值权益。据统计，截至三季度末，"金领通"客户数72858户，客户资产48亿元。

10月中旬，平安银行推出的口袋社区智能平台在口袋银行上线运行，成为业内首家通过移动端拓展社区O2O生态圈的银行。分析人士称，虽然从金融领域进入生活消费领域，平安银行要做的事还有很多，但此举表明了平安银行不断探索互联网金融的各种前卫新玩法的勇气和决心。无论如何，业务创新至少意味着在新的领域抢得先机。

## 案例41

### 光大银行跨界解决出行痛点

改革开放以来，我国旅游业主要依靠景点景区、宾馆饭店等基础旅游要素的发展模式已经不能适应大众旅游新时代的要求，因此提出了全域整合、全要素调动等要求。满足这一要求的关键是如何把各个要素整合在一起，把出行变成一件美妙的事情。这也正是近几年来光大银行不断进行跨界资源整合的原因。

光大银行整合资源解决出行难问题的方式是：联手中国银联和专注于全球机场、高铁商圈提供智能化信息服务的龙腾出行，发挥三方优势解决这一问题。具体而言，龙腾出行解决境内外全球机场、高铁商圈的服务整合，一方面，通过其优势资源为出行中的各个环节提供丰富的产品，满足多场景下差异化的服务需求，出门去机场，客户可享受专车送机、代泊车、机场停车服务；进入机场后客户可享受代办值机、快速安检、贵宾厅服务；抵达目的地后，可享受停机坪贵宾专车举牌迎接，专车接机等服务。另一方面，龙腾还通过其全球最大的机场餐厅、购物信息及折扣优惠服务网络，在机场搭建全面而实惠的服务平台。中国银联整合其资源提供星级酒店"住两晚送一晚"、星级酒店用餐88折、便捷签证申请、全球DFS购物礼遇及高额意外保险等服务，进一步丰富商旅、生活等更多场景下的服务需求。光大银行则以联名卡为载体，集合各方优势资源，提供便捷、实惠、安全的支付体验，让客户除享受龙腾出行和中国银联的优惠服务以外，还能同时享受光大银行"十元惠生活""百元优享"等优惠，进一步降低了人们享受高端出行服务的成本。更吸引人的是，用户甚至不需要信用卡卡片，在开通服务后，只需要下载一个APP就可以享受这些体验。

这一模式为商旅用户带来新的支付选择，让更多人在商旅出行全程都能享受到各方专属的特色服务。这是光大银行、银联和龙腾出行三方产品的全线升级、服务的全力升级和平台的全新升级，解决了人们出行的痛点。

## 案例42

### 中信银行跨界整合出新品

银行业是近年不断尝试融合互联网元素的主要行业，中信银行则已抛出橄榄枝，在打造跨界新模式方面展开果断行动。

2015年10月，中信银行宣布与滴滴快车的旗下企业出行服务"滴滴企业版"进行合作，针对中信银行高净值客户提供"异地机场专车接送"尊享服务。中信银行相关人士表示，在全球共享经济迅速兴起、移动互联网迅速与各行业跨界融合的背景下，中信银行与国内最大的互联网移动出行平台合作，既属于"金融+互联网"服务模式的再度创新，也有利于发挥双方优势，实现合作共赢。

"异地机场专车接送"尊享服务只是中信银行在金融与出行服务结合中迈出的第一步，出发点是解决高净值客户在异地往返机场的出行痛点,使其在异地仍可享受到在其常驻地的服务礼遇,而未来在这个领域中还有更广阔的空间有待发掘。

从服务客户角度看,未来客户的所有移动出行,不仅将与出行平台发生联系,并将通过平台与增值服务紧密相连。例如,免费接送银行客户往返高铁站,甚至接送客户前往银行网点办理业务等服务内容。

从资源整合角度看,未来的合作也不会局限于出行工具及手段这样狭窄的概念,而是实现"物"的整合,并在其中嵌套适合客户的金融产品。

从银行业务角度看,随着"银行+互联网出行"模式的不断完善,银行将有机会在资金结算、汽车消费贷款、融资租赁等方面寻觅到汽车金融业务的广阔空间。

### 策略点评

目前,国内各家银行都在积极整合资源,寻找更多不同行业的跨界合作。这样不但可以为客户提供更多的增值服务,加强与客户的实际互动,有效传达银行的理念与服务,从而提升银行自身业务,以期产生持续性的影响力,还可以有效提升自身的业务拓展能力。对客户来说,银行的跨界合作无疑又提供了更多的优质服务。

## 第 15 计 树上开花

树上开花，是指树上本来没有花，但可以借用假花点缀在上面，让人真假难辨。此计用在军事上，是指当自己的力量薄弱时，可以借别人的势力或某种因素，使自己看起来强大，以此虚张声势，慑服敌人。树上开花旨在造势，变不可能为可能，以便能够出奇制胜，相当于现在的广告宣传。银行社区营销也可以借鉴树上开花的智慧，在广告创意、设计等方面下一番功夫。

### 案例 43

#### 浦发银行创意广告——你，是你自己的银行

很多人只有在和钱有关的时候才会想到银行。事实上，出生、就学、工作、养老……银行与人的一生息息相关。目前，服务同质化导致银行在客户心目中的形象非常雷同，如何让浦发银行成为客户心目中与众不同的一生的伙伴？攒钱，这是中国人传统的财富观，其实代表了人们内心对于明天的乐观预期，一种脚踏实地、认真生活的人生观和价值观。

从这点出发，2016 年 5 月间，北京电通上海分公司为浦发银行开发出全新的沟通主题：你，是你自己的银行。这个主题通过呈现你我身边的普通人为生活、为梦想、为明天默默积累的过程，向每一位认真生

活的人表达敬意,并以此传递浦发银行的财富观:除了金钱,每个平凡人内心蕴藏的乐观、踏实的精神力量,才是最值得颂扬的珍贵财富。正如片中最后呈现出的:"每个人都像是一座银行,用每一天攒下财富,记录在数字里,更记录在生命里。"你我都不难在片中找到自己的影子,并感受到自己的伟大。视频在浦发银行官方微博上线仅5天,全网点击量突破300万,并引发大量关注。

这支广告片由北京电通上海分公司创作,北京电通上海分公司还是浦发银行年度营销战役的代理商。这一小步,也是电通为自己攒下的革新力量。

## 案例 44

### 台湾大众银行新颖的广告策划设计

银行广告策划方案对于银行的营销推广有很大的意义。做出具体推广行动之前,首先要分析好银行广告策划方案。在这方面,台湾大众银行新颖的广告策划设计别具一格。

台湾大众银行"属于大众的银行"系列广告潜移默化地在大众心目中树立了一个感性的"大众缘"的品牌形象,有效地传达了具有社会推广意义的观念:"不平凡的平凡大众——坚韧、勇敢、爱"。这种新颖的广告创意设计格局让形象广告影片在大众传播过程中能结合当前社会群众心理现状和主流价值观,起到更好的推广作用。这个系列广告运用丰富多样的技法表现生动的画面,让简洁易懂的观念深入民心,并与主题紧密相连,让受众对企业有深刻的认知,而企业所传达的具有社会推广意义的观念就形成从自发到自觉的一种全民行动。

"属于大众的银行"系列广告通过向目标对象做感觉和情绪的诉求,以激发消费者的购买冲动,从而促进购买行动。广告本身没有向观看者介绍很多关于大众银行的业务,而是以人与人的交往拉近了大众与大众银行的熟悉感，从而弱化了其本身的商业味儿。

**案例 45**

## 香港汇丰银行广告的视觉冲击力和灵魂震颤力

金融广告越来越多，常规的创意思维被广告人反复贩卖。然而，怎样从这些为人所熟知的点子中结合自己企业或产品的特性，"化腐朽为神奇"，才是经典。香港汇丰银行的平面广告，可谓是匠心独运于平淡之中。我们从下面的三则广告中可略见一斑。

在其"竹架篇"广告中，画面上部是红黄色的竹竿搭起的架子，色泽鲜亮，视觉冲击强；画面下部是英文的广告文案；上左部是黑底白字的英文广告语："STRONG FLEXIBLE AND GROWING THROUGH OUT ASIA"；右下角是其银行标志。广告以竹架来比喻香港汇丰银行是客户事业发展、向上攀登的架、梯。竹子是儒家文化所钟爱的，也以此向受众表明香港汇丰银行的市场区域定位：立足亚洲，服务亚洲。广告语也说明了这一点。这无疑是一则既有视觉冲击力，又内涵深远的广告；文案层次分明、重点突出，极富说服力。

在其"运动鞋"广告中，选择了一条简单易懂而又不"俗"的创意之路。画面以一双运动鞋作为形象表现的主体，一只鞋代表香港汇丰银行，另一只鞋代表企业等微观经济实体。一个经济实体的生存和发展必然离不开与其关系密切的、互相"匹配"的金融银行。一双运动鞋，一方面象征着微观经济体与银行互为生存依赖的亲密关系，另一方面象征着微观经济实体与金融银行加强协调与合作，能够使二者在风云变幻的经济、金融形势下跟上时代的步伐，发展壮大。

在其"中国锁"广告中，画面主体是一把竹质的中国古代的锁，下方是文案。文案在说，"解铃还须系铃人"，欲打开亚洲市场，还需配汇丰银行这把亚洲钥匙。古朴的亚洲民间竹锁上一把竹钥匙，象征着亚洲市场与汇丰银行不可分割的关系，可谓什么钥匙开什么锁。这则广告并没有用其国际银行的"傲气"来诉求，也没有用种种华丽的、后现代的诉求方法，它很明智地选择了中国古代的"锁"来作为诉求的形象主体，以配合其"重回亚洲"的战略，可谓匠心独运。从"俗"中创意出"大雅"，展现了"化腐朽为神奇"的艺术效果。

总之，香港汇丰银行的广告以极强的视觉冲击力和灵魂震颤力，纵容着、吸引着追求个性、追求成功的金融消费者的心灵。

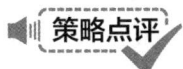

银行，顾名思义，自然是与金银、货币打交道。银行存在的原因，自然是为了满足存储金钱的需要。中国作为储蓄率最高的国家之一，攒钱体现了国人的传统财富观。也正因如此，加上服务同质化，导致银行在受众心目中的形象非常雷同。因此，突出自己的品牌在营销战役上非常重要，而一次触动消费者内心的营销广告，不但能实现品牌的广告目标，也是银行为自己存下的一笔无形财富。

# 第16计 利益捆绑

利益捆绑在三十六计中属于"并战计",并战计强调在敌我双方势均力敌、相持不下的形势之下,要思考攻守之计。这个攻守之计中就包括利益捆绑,即寻求有共同利益的第三方(当然也包括敌人阵营中倾向我方的人),通过利益捆绑化解僵局,实现突破。利益捆绑强调要不露声色地抓住对方需求,既以对方的利益为重,又为自己的利益开道。在现代商业活动中,合作的基础是共同利益,也就是利益捆绑了。在这种合作模式中,双赢是持续获利的关键。

## 案例46

### 农业银行某支行捆绑营销电子银行成效显著

为提升客户服务水平,促进电子银行业务快速发展,农行某支行通过网上理财、结算等业务,对电子银行进行捆绑营销,取得了明显的成效。

针对各项业务营销压力比较大的实际情况,为推动电子银行业务发展,同时促进理财、缴费、结算等业务市场营销,该行坚持对电子银行进行捆绑营销。员工在向客户推介理财等业务的同时,向客户宣传通过电子银行渠道购买相关金融产品的优越性,引导客户签约开通电子银行。同时,针对办理转账、汇款、查询、缴费业务的客户,员工极力推介农行电子银行,使客户认识到通过电子银行办理非现金业务的优势,激发其签约欲望。

由于做到与其他业务的同步捆绑式营销,该行极大地促进了电子银行的快速发展。

案例 47

## 工商银行某支行电子银行业务的捆绑营销

为推动电子银行业务健康发展,不断提高网点离柜业务占比,使得客户"真办、真会、真用",有效提高电子银行业务捆绑率,2014 年以来,工行沧州某支行在继续保持 2013 年电子业务迅猛发展势头的同时,着力提高电子银行业务捆绑率,取得明显成效。截至 2014 年 4 月末,该行网银捆绑率 70.42%,手机银行捆绑率 64.55%,余额提醒捆绑率 44.18%,网银、手机银行、工银信使捆绑率均居全辖首位。

一是做好内外宣传,营造发展氛围。该行对内利用晨会和周会时间积极学习分行关于电子银行业务的各种文件和活动方案,研究并制定了支行电子银行业务捆绑率考核措施,让员工认清形势,树立"电子银行是趋势,先声夺人占优势"的经营理念,为大力宣传电子银行产品奠定坚实基础;对外,该行借助"电子套餐优惠有礼"活动政策,对"新开卡+个网证书+手机银行+工银信使(6 个月)以上"客户加大优惠力度,扩大客户规模。

二是积极推介引导,抓实、抓细、抓成效。每一笔电子银行业务的开通与使用都需要工作人员的辛勤付出,做到不厌其烦、准确到位。该行两个网点对新开办灵通卡的客户进行网上银行等业务的捆绑营销,从源头上抓好电子银行开户工作,努力引导客户通过网银办理缴费、查询、转账、汇款等业务;对成功办理电子银行产品的客户,该行由大堂经理或现场管理人员跟进服务,在电子银行服务区域向客户进行业务操作演示，引导客户正确使用，增强了客户对电子银行业务的感性认识，让客户真正体会到电子银行的方便、安全、快捷。与此同时，该行还在办理业务时详细讲解电子银行产品的正确使用方法及风险防范措施，防止客户产生资金风险，促进电子银行业务的健康发展。

三是做好售后服务，提升客户满意度。该行结合电子银行业务的特点，积极唤醒不动户，对办理电子银行业务的中高端客户建立了详细的客户联系名册，指定专人定期通过电话等方式对客户进行回访；了解客户在操作过程中的具体难题，并指导客户成功使用，既提高了客户的满意度，稳固了客户，也提高了电子银行的动户率。

## 案例48

### 招商银行捆绑营销及差异化服务

捆绑营销是以挖掘客户个体的互补性需求为主的交叉营销或综合性营销。随着银行产品越来越多，客户也有互补的需求，这就需要银行提供互补性的产品。也就是说，把各种各样的产品捆绑在一起销售给客户，其重点是挖掘客户个体的交叉互补性需求。在组织上，一定要把几种产品的销售流程重合在一个点上。例如，在发放住房按揭贷款的同时给客户提供按揭贷款保险，以进行交叉销售等。在这方面，招商银行在区别同一客户群体风险承受能力，进行组合产品创新方面，曾推出过"伙伴一生"综合性理财计划，这就是一种比较成功的捆绑销售形式。

该计划以客户年龄层次所处的人生阶段纵向划分为炫彩、浪漫、和美、丰硕、悠然五个阶段，针对不同阶段将200多种零售业务产品进行相应组合，实施捆绑销售。其特点一是撇开按客户金融资源量细分的传统方式，提出按人生不同阶段为客户分类；二是超越了银行产品本身的范畴，制定包括证券、保险、基金、医疗健康计划等在内的一揽子金融解决方案。

具体来说,"伙伴一生"金融计划有以下三个特点:

一是关注客户一生的伙伴。"伙伴一生"金融计划是招商银行秉承"因您而变"、关爱客户理念而进行的一大变革。它为处于人生不同阶段的客户量身定制产品和服务,体现了对客户一生的关心、帮助和爱护。

二是细分客户,合理规划。根据客户群踏入工作后的生活形态特点不同,招商银行将客户分为以下五个阶段:初涉社会阶段、成家立业阶段、养儿育女阶段、事业有成阶段、安享晚年阶段。

三是整合产品,个性服务。在"伙伴一生"金融计划中,招商银行将现有零售银行业务进行有机整合,具有非常强的针对性和适用性。考虑到人生不同阶段其生活形态有所差别,理财需求、投资风格会有明显的不同,因此所需要的金融产品和服务是不同的,服务渠道也有所区别,当然在提供产品服务的时候也非常注重捆绑营销的作用。与此同时,从最开始的初涉社会到晚年退休等 5 个阶段都非常关注培养和陪伴着客户成长,始终为把客户发展成私人银行级的客户做准备。

总体来说,"伙伴一生"金融计划为人生不同阶段的客户群提供了有针对性、差异化,同时注重捆绑营销的产品和服务,体现了"因您而变"的理念,更好地为普通客户、贵宾客户以及私人银行级客户提供了高质量的服务,从而提高了客户的满意度。

### 策略点评

有了利益就有了争斗,利益捆绑与利益冲突之间存在着平衡点——以道结心,找到这个平衡点,并且按照平衡点处理问题,合作就能够成功,双方都可以实现利益最大化。

## 第 17 计 李代桃僵

李代桃僵，是指在敌我双方势均力敌或者敌优我劣的情况下，用小代价换取大胜利的谋略，很像象棋中的"弃车保帅"战术。运用此计，指挥者应当机立断，做出某些局部或暂时的牺牲，去保全或者争取全行的整体性的胜利。在商业经营活动中，李代桃僵意味着企业经营者对全行形势的判断和分析要准确，有时虽然看似在局部有所损失，但是不可盲目放弃而影响了全行。

### 案例 49

#### 一位建行个人理财中心主任舍小家、顾大家的事迹

我是 1988 年到建行工作的，刚入行时在建行××市支行储蓄专柜任储蓄员，1998 年任专柜所长，2013 年任华北石油分行个人理财中心主任。15 年来，虽然工作部门和单位有所变动，但一直没有脱离个人银行业务这个岗位。有辛苦，同时也尝到了成功的甜头。

以我为首的营销吸存小分队成立时，我们走企业、访单位、串小区、进商店、走乡镇。我和同事们发挥"想千方百计，走千家万户，尽千辛万苦，说千言万语"的"四千"精神，不分白天黑夜穿梭往来于机关、企事业单位，扣开了成千上万个储户的家门。在整个油区和市区，"建行"这一品牌已经深入人心。成功的背后凝结着很多营销的艰

辛和汗水，只要我们用真心和真情去打动客户，就一定能无往而不胜。

记得在办理××市财政系统代发工资业务时，公安局离退休老干部不同意由银行代发，并派了代表来建行咨询。我在接待这位老同志时，感到了事情的严重性：处理不好，将会导致整个任丘市财政代发工资停办！整整一个上午，我耐心地给这位老同志宣传代工的好处，并承诺，对于行动不便的同志，我们会月月把工资送到。成绩的背后总是蕴藏着艰辛的劳动，闪光的荣誉来自于默默的奉献，我成功了。

从所长到理财中心主任的几年来，我是上班最早、下班最迟的人，无论春夏秋冬，日均工作都达12小时。有的同事给我计算过，如以每天8小时计算，我3年上了4年的班。曾经有人问我："是铁人吗？"我回答说："我不是铁人，我是一个有血有肉的人，我是一个上有老、下有小的女人。"谁不爱自己的小家？有哪一位妻子不爱自己的丈夫，有哪一位母亲不爱自己的孩子呢？作为女人，我深爱着自己的小家；作为妻子，我深爱着自己的丈夫；作为母亲，我更是深爱着自己的孩子。但每当我想起自己是一个建行人，每当我看到"我靠建行生存，建行靠我发展"的员工理念，一种"行兴我荣，行衰我耻"的情感油然而生。为了建行这个"大家"的工作，我只能舍弃小家的利益和温馨，把全部精力倾注在工作上。

## 案例 50

### 某担保公司担保项目经理办理的抵押贷款案例

一般来说，抵押贷款审核都比较严格，如何成功获得抵押贷款成为每个申请人特别关注的事情，很多朋友会选择一些担保公司进行咨询。下面我们就某担保公司的抵押贷款案例进行分析。

严先生于2004年全款购买一套CBD地区的住房，当时房屋精心装修了一番。近几年，房屋升值空间非常大，房价已经升到100万元左右。因为父母要来北京一起居住，严先生打算再购买一套大面积的房子。经朋友介绍，他看好了另一套110平方米的房子，但是房主要求严先生一次性付清全部房款。严先生非常喜欢这个房子的户型和地理位置，但是还差50万元才能凑齐全部房款。在非常紧迫的情况下，严先生想将自己现在住的房屋卖掉，但又舍不得。考虑到CBD地区还有升值的可能，这边出租房子的收益也很高，卖房的时间又比较长，而且卖掉现有的这套房子才能拿到钱，再去买那套已经选好的房子，中间的过渡期怎么办？正在愁眉不展之际，严先生从一位从事金融行业的朋友那得知，把房产抵押给银行可以贷出一笔资金，于是严先生找到担保公司进行咨询。

经担保项目经理介绍，客户可以以完全产权的房屋抵押给银行，获得一笔相当于抵押房产七成的贷款，贷款期限最长可达20年，所以不建议严先生卖掉房子，而是建议他直接将现在这套全款购买的房子抵押给银行，利用房屋大幅升值空间从银行贷款出来。根据严先生的收入、资信状况及房屋的市场价值，恒昌担保的项目经理帮助他向银行申请了额度60万元、期限为10年的贷款，又建议严先生选择固定利率和气球贷款结合的还款方式，在很大程度上节省了严先生的贷款支出，减少资金使用成本。最终该笔贷款如期转到严先生的账户上，使得他按期付清了要购买房屋的尾款。这笔资金及时缓解了严先生的资金周转问题，解了燃眉之急，而且抵押贷款后的房屋还可以正常自住和出租。

像严先生这样拥有自有房产且一时急于用钱的情况很多，都可以通过抵押房产的方式来解决资金周转问题。在此，担保经理提醒大家，还有一种情况是可以办理该抵押贷款业务的，就是客户目前自有的房产是贷款购买的，但是因房产升值了，现在能从银行申请的贷款额度高于原银行的贷款额度，担保公司也是可以帮助客户办理抵押贷款，解决融资问题的。

## 案例 51

### 李代桃僵催款法：迫使债务人偿还欠款，赔偿损失

李代桃僵催款法的精要是乱中取胜，捕捉战机，收回债款。下面来看一例：

借款人汤某，男，46岁，××乡××村人，从事装饰生意十余年。2005—2006年，汤某以做生意为由，利用亲戚朋友的身份证，冒名违法取得贷款共计114.7万元，因经营不善，公司倒闭，所借的贷款和利息无法偿还。其所属县联社客户经理多次上门催收，得到的答复要么敷衍了事，要么不予承认，拒不履行所欠债务，最后汤某躲避起来。截至2013年12月底，结欠贷款利息高达100余万元，且难已打开工作局面。

经过进一步全面调查，得知汤某近年来定居于广西南宁，并经营一家大理石厂，经济状况有所好转。针对上述情况，县联社和公安局领导果断下达指示，派遣一名客户经理全力配合经侦大队两名经警开展跨省收贷，强制借款人汤某履行所欠债务。清收工作小组随即乘车赶赴南宁，经多方打听仅摸清大理石厂的大概位置。

为确保清收行动取得成功，工作小组三人顾不得休息，抵达后立即开展搜寻工作，4个小时后终于找到了大理石厂，见到了汤某本人。看到公安同志从天而降，远赴千里实施跨省收贷行动，汤某大为震惊，但在随后的两天里，汤某一直以经营不善、无力偿还为由拖延时间。工作人员与汤某拼耐心、讲法律，可谓斗智斗勇，同时拒绝一切吃住安排，让其意识到无任何空子可钻，终于在第三天收回了贷款本息共计12万元，并就其余贷款签订了还款协议，计划分期还款。就在三人返回途中，汤某按照还款协议，通过汇兑主动归还了2万元贷款本金。

在县联社大力清收不良贷款的坚定决心下，在人民公安的重拳铁腕下，那些恶意拖欠、蓄意逃避债务的不良分子将无处藏身，金融环境将迎来阳光明媚的春天。

李代桃僵催款法在具体实施时,需注意以下几点:第一,要设法把水搅混,打乱债务人的部署,然后见机行事;第二,要抓住时机果断抓鱼,认清形势,审察时机。

银行工作人员在面对客户时,可以暂时舍弃一些小的利益,不为小利所诱惑、不为小害所影响,只为全行形势需要而考虑不同方式,从而赢得主动和更长远、更大的利益。

# 第 18 计 浑水摸鱼

浑水摸鱼,是指当敌人混乱无主时,乘机夺取胜利的谋略。在混浊的水中,鱼儿辨不清方向;在复杂的战争中,弱小的一方经常会动摇不定,这里就有可乘之机。

### 案例 52

#### 工商银行某分行"五到位"全力抓好旺季营销工作

为切实抓住旺季营销的有利时机,抢占市场份额,全面落实"发现新市场,寻找新客户,推出新服务,抢抓中高端,提升竞争力"的要求,促进全行旺季营销各项目标任务的实现,2015 年以来,工商银行鹰潭某分行高度重视旺季营销工作,全面落实"以市场为导向,以客户为中心,以高端客户为目标"的经营理念,加强组织领导,动员全行广大干部员工,以五个到位加大营销力度,确保旺季营销工作取得开门红。

一是思想到位。为确保 2015 年旺季营销工作取得实效,该行及时传达上级银行有关政策,充分认识做好旺季工作、打好首季开门红的重要意义,使大家思想认识到位,目标任务明确,增强工作紧迫感、危机感和责任感。工作上主动出击,抢抓市场机遇,做到早预约、早落实、早受益。

二是措施到位。该行对旺季营销层层分解，落实到岗到人；在营销中贯彻分行领导提出的"营销五论"和"五个转变"，积极开展各项营销工作，各专业人员在做好本身工作之余，做好各专业之间的业务联动，促进储蓄存款、个人理财、个人贷款等业务全面发展。同时，以牡丹卡、电子银行、黄金等产品为基线，开展重点营销；设立产品单项奖、综合贡献奖，通过劳动竞赛促进各项业务的增长；加大业务通报督促力度，利用晨会、例会等形式，及时通报进度，让优秀员工有成就感，一般员工有紧迫感，平庸员工有危机感，真正在全行形成一种你追我赶的竞争机制，极大地激发全体员工的营销热情。

三是激励到位。全面推行产品埋单制，真正实现收入靠贡献、绩效凭业绩，科学合理分配员工经营绩效；进一步完善绩效考核办法，通过完善机制，细化考核，充分发挥绩效考核办法的激励导向作用；以产品单价作为业务发展的风向标，通过调整产品单价，加大部分重点发展业务指标的营销力度，以达到突出重点、协调发展的目的。

四是服务到位。根据旺季营销业务特点，加强劳动组合，实行弹性工作制，增加大堂引导人员，适时增加营业窗口，延长营业时间，最大限度地减少客户等候时间。通过提升服务品质，迅速抢占市场，全力争揽新客户、新资金，扩大储蓄存款规模。通过扎扎实实地做好每天、每周、每月的服务工作，实现储蓄存款的稳定、健康、快速增长。

五是管理到位。本着一手抓开拓、一手抓管理的原则，在大力发展各项业务的同时，正确处理好业务发展与合规经营的关系。该行在抓好旺季营销工作的同时，不忘防范各类风险，确保各项业务持续健康发展。

## 案例 53

### 邮储银行某分行抢抓有利时机，营销贵金属

2016年岁末将至，贺岁贵金属迎来销售旺季。面对日益严峻的同业竞争形势，邮储银行宜春市某分行紧跟上级行工作部署，借力"邮储银行鸡年贺岁金钞"的销售契机，积极组织推动营销工作，群策群力，贵金属销售顺利开展。

一是积极推动，营造全网点营销氛围。该分行营业部高度重视该产品销售的战略意义以及对中间业务收入的贡献，第一时间组织全网点培训，要求所有网点要熟知产品卖点、营销话术及操作流程，同时做好网点员工转培训工作，力争人人懂产品，人人会说产品，切实提高营销成功率。

二是公私联动，挖掘优质对公资源。该分行营业部要求网点充分挖掘对公客户资源，逐一向辖内资质较好的法人客户推荐该产品，尤其关注历年有员工福利需求的优质单位，由支行行长带领对公客户经理重点走访，积极推介。

三是广泛邀约，借力展销会营销环境。该分行营业部全体动员，积极邀约贵金属意向客户参与于12月22日下午举办的贵金属展销会，展销会当天销售贵金属39套，占市分行当日销售份额的1/2，展销会取得了不错的成果。

## 案例 54

### 华夏银行某支行抓机遇拓市场，全力营销城中村项目

华夏银行桃南某支行积极响应太原分行首季"开门红"营销政策，利用分行旺季营销活动，牢牢抓住旺季营销有利时机，紧盯市场、紧盯同业，全行上下一条心、齐配合，全力以赴抢市场、争份额，不断调动

现有资源开展营销活动，抢抓旺季存款，为实现首季开门红目标迈出了非常重要的一步——"助力"城中村拆迁改造项目。

太原市××区××村属政策拆迁改造的城中村，拆迁尾户160余户，发放拆迁金额约3000万元。支行行长朱霞对此次营销活动高度重视，集合全员召开专题会议，调动全员找思路、找方法，周密部署，统一安排，从实际出发制定了营销活动方案，明确了活动的具体内容、具体要求和任务考核措施，做到个个有指标，人人挑担子，打好首季"开门红"攻坚战。经过与省农发行、金融拆迁办、长风西街街道办及××村委会等一系列单位的前期沟通准备，最后确定在村委会办公室驻点办理业务。华夏员工本着"想客户所想，急客户所急"的服务宗旨，与村民热情沟通，深入了解村民的实际需求，向村民详细介绍了该行ETC、手机银行、直销银行等产品，让村民们真正了解了银行金融产品的优势。短短两天之内，开立个人银行卡129张，新增手机银行129户，直销银行55户；现场办理ETC 27户，预约办理7户，让村民们切实感受到华夏银行支行高质量的办事效率和热情周到的服务，也为后期拆迁款的发放沉淀起到了良好的铺垫作用。

本次活动效果显著，在村民中取得了较大反响，得到了××村民的广泛认可，有效提高了华夏银行的市场竞争力，提升了华夏银行在太原市的口碑，并为后续的营销工作提供了宝贵的经验。

银行工作人员在面对客户的过程中，运用浑水摸鱼的策略，更强调制造、寻找并把握有利时机，从而抓到自己的那条"大鱼"。

# 第三部分
# 活动篇——混合作战

　　混合作战是一种集群作战方式，现代商战中开展的活动营销也需要混合作战，关键是群体内各种要素齐全，才能形成搭配效果。活动营销即通过活动的方式进行营销，因此应该围绕活动的团队、场所或环境来创造客户体验的效果，还应时时以"调动客户参与的积极性"为出发点和落脚点，否则很难实现更好的经济价值。

# 第 19 计　固化活动

固化活动是在一定阶段内的系统性工作，包括固化产品流程、固化优质服务、固化有效培训、固化转型成效等。固化活动是银行业经营管理的一种工作机制，要求总行及各支行网点负责人从思想上高度重视固化工作，将通过固化持续提升产品质量和服务水平作为摆脱当前经营困境的重要手段。总行领导要切实把固化工作抓在手上，建立本行的监督检查机制、落实整改机制、责任追究机制，同时分行也要建立监督检查长效机制。

## 案例 55

### 农商银行某网点固化"照镜子"活动

2015 年，农商银行某网点转型工作进入发展阶段，为全面提升网点的管理水平、服务水平和营销水平，该网点在项目建设中开展固化"照镜子"活动。该活动旨在通过"照镜子"的形式让每位员工在自省中改进不足、不断进步，确保网点项目成果得到最大固化，以此深入推进网点转型工作，全面提升农商银行的品牌形象和核心竞争力。

在开展固化"照镜子"活动中，该网点携手所在地××公司对首批创建的三家标杆网点创建工作进行"回头看"。培训老师通过进驻网点现场查看，利用 PPT、视频回放等方式对标杆网点在营业环境、职业形象、晨会规范、服务流程、营销业绩等方面存在的问题和不足进行点评。通过集中回放监控录像，共同观看高柜柜员制度执行情况、中途离柜情况和办理业务期间客户风险提示情况，所有网点100%覆盖。通过看别人照自己，寻制度找差距，对每位员工合规操作是一场较为深刻的警示教育。该行后来又进行不定期播放，所有柜员达到100%覆盖。

固化"照镜子"活动极大地提高了网点员工的合规操作意识，为提升内控合规管理奠定坚实基础。

## 案例 56

### 工商银行某分行固化流程培训，创新服务工作

2015年以来，工商银行某分行为进一步推进"服务体验建设年"主题活动，结合"网点竞争力提升工程"，围绕窗口服务改进实施的"亮脸工程"和网点服务流程标准化培训，将通过固化持续提升服务水平作为摆脱当前经营困境的重要手段。

第一，对每个网点的具体现状进行分析，如网点环境、现场管理、柜面服务、大堂经理团队打造、客户经理营销服务等；对邻近同业网点服务情况进行分析。在进行全面固化培训的基础上，根据各个网点的不同情况，有针对性地制定个性化的培训内容，真正做到改善、提高客户体验，打造工行品牌价值。

第二，非现场检查。建立"日检查、周通报、月总结"制度，加强本行服务固化工作的检查、督导、通报。定期、不定期地抽取一定数量的网点进行非现场检查，检查内容主要包括网点的晨会和晨迎标准化流程、各岗位员工规范化服务流程的执行情况。

第三，现场检查。适时组织检查组对辖内各网点服务流程标准化培训工作情况进行现场检查，检查内容主要包括网点环境、工作人员服务形象、柜面规范服务"7+7"流程、大堂经理七步法、客户经理五步

法等，同时对部分网点进行体验式检查，检查结果纳入年度服务检查考核项目。

第四，深入开展"服务体验建设年"活动，提升服务品质，改进服务工作，不断改善客户在网点阵地的服务体验。提升客户对银行现场人员服务的体验，通过服务品质的提升，加强对目标客户的吸引力和黏合力，进而带动业务发展和盈利提升。

通过固化流程培训，创新服务工作，该分行很好地解决了影响客户体验的突出问题，迎来了新的局面。

## 案例 57

### 江南农商银行固化转型成效，推进升级力度

近年来，江南农商银行在银行转型的大潮中表现出积极的变革姿态，在"软转"过程中获得了可喜的成果。转型项目有序推进，服务能力获得了提升，转型氛围日益浓厚。江南农商银行转型成功遵循的就是"先强化，后固化，再优化"的路径。

一是做到三个到位，固化执行标准。第一，标准制定到位。该行下发转型标准化执行手册，内容精细、准确，涉及管理、制度、服务、岗位等方面，确保基层网点的可执行性。第二，手册学习到位。要求各支行加强手册的学习力度，要主动学、积极学、个人学、集体学。对于转型较好的，进行积极宣传，并将好的做法、经验汇编成册，树立榜样。其他试点网点在不影响业务开展的情况下，可以开展学习与观摩。第三，执行贯彻到位。根据支行实际情况，按照要求坚持开展晨会、夕会；支行负责人要加强时间管理，柜员要加强"一句话营销"，客户经理、理财经理要加强每日电话营销次数，坚持使用"客户信息梳理表""转介汇总表""业绩汇总表"，坚持案例收集、客户转介、陌生客户开发及销售工具制定。

二是做到三个严格，增强监督威慑。第一，严格执行神秘人检查、监控抽查机制。同时，结合远程监控设施，指定专人定期监控抽查。第二，严格巡查制度。组织专人每月下试点支行巡检，现场检查各网点固化执行情况及各销售工具、台账建立情况。对于执行不到位的，要求立刻改正。第三，严格通报制度。结合总行服务体系建设专项考核办法，按月、按季通报各试点支行转型执行情况。对于执行不到位的要给予扣分和通报批评，对于执行到位的给予表扬和奖励。

三是做到三个关注，力促转型成效。第一，关注试点支行电子替代率。倒逼试点支行主动加大电子渠道营销力度，通过手机银行、网上银行、自助设备分流业务，降低人工成本。第二，关注试点支行每日业务量。推出网点业绩汇总表，重点关注VIP客户增长情况，渠道产品网银、手机银行开户情况，零售类产品，如各类卡业务、理财、基金、保险、实物贵金属、三方存管等业务开办情况。第三，关注试点支行活动开展场次，各项沙龙、外拓活动开展既是重要获客平台，更是拉近居民、社区关系的桥梁。总行正在不断完善针对性手段，有效做好各试点支行定期沙龙、外拓活动规划及方案，有序开展社区营销活动等。

网点转型的关键是后续的固化与推进。江南农商银行以全行之力，确保网点转型中各项机制的顺畅性，固化零售转型成效，全面推进网点转型向纵深发展。

**策略点评**

通过两级联动，确保产品生产流程和优质服务标准不折不扣地落实到位，将"规范化"作为员工的自觉行为，实现各项标准内化于心、外化于行的目标。

# 第20计 主题活动

用兵要有目的，商战也是如此。商业活动中的"主题活动"，是根据不同需要来确定不同的主题。

## 案例58

### 潮州某银行网点举办"财神拜年送祝福"主题活动

2012年1月25日是农历正月初三，也是潮州银行某营业网点新年开业的第一天。为营造浓烈喜庆的节日氛围，吸引客流量，让新老客户感受到银行真诚服务的热忱，经过充分调研，银行决定以潮汕春节期间送大桔寓意新年大吉大利的传统习俗为切入点，在全市下辖的各个网点举办"财神拜年送祝福"主题活动。

为了达到开业首日活动开门红的效果，本次活动流程重点关注前期宣传造势、现场组织、现场督导三大环节。活动前期代理部、县区局及网点各司其职，在对外宣传上下足功夫：通过张贴海报、摆放X架、派发传单、夹报宣传、短信宣传等形式面向广大新老客户宣传造势。活动当日，各网点在营业厅外放置音响，循环播放活动宣传，门口架设彩虹门、铺设红地毯、摆放盆花，在营业厅内摆放财神拜年吉祥物、贴吉祥窗花，营造喜庆祥和的节日氛围，吸引客户到网点办理业务。

活动准备前期，市局局长、分管代理金融局局长分别到网点督战，带头营造节日营销氛围。活动当日，市局代理部与县区局领导、代理金融管理人员兵分几路，深入网点，对活动开展情况进行现场督导，勉励网点员工以此为起点拉开龙年主题营销的序幕，全力冲刺开门红。

"财神拜年送祝福"主题活动的当日，客户到访量比去年同期明显提升，余额增量854万元，扭转了年底余额大幅度下滑的趋势。代理保险保费龙年首日突破百万，新增115.8万元，与上一年正月营业第一天（正月初一）相比，余额增长190.48%，代理保险增长672.00%。在开业第一天节日营销活动的拉动下，代理保险"迎春先锋"营销活动期间（1月20—29日），各网点及个人通力合作，营销激情空前活跃，业绩拉动迅猛。在短短的6个工作日中，全市各网点共实收保费776.5万元（点均25.88万元），日均业绩超过129万元（点均4.3万元）；保费数量共267笔（点均8.9笔），日均笔数达到44.5笔（点均1.48笔），几个指标均刷新历史纪录，龙年"开门红"首战告捷。同时，网点人员营销热情持续加温，在1月全省保险销售精英评比活动中包揽了粤东区域前3名。

活动当日，全市各网点到处洋溢着喜庆热烈的节日氛围，客户到访满意度高，并对活动形式给予充分的肯定，认为此次活动形式新颖，年味十足，符合潮汕地区大年送吉利的好意头，与邮储服务民生的良好的社会形象十分相符。

本次活动是潮州局践行网点销售化转型项目精神，探索节日主题营销发展模式的一次有益尝试。事实证明，只要紧扣民生主题，贴合地方实际，主题营销活动将在应对同业竞争、个性化经营发展方面起到积极的促进作用。

## 案例 59

### 工商银行某分行丰富主题活动,提升员工精神面貌

2014年以来,工商银行某分行精心组织多项健康向上的文体实践活动,进一步丰富员工的文化生活,努力调动员工工作热情,增强员工队伍活力,树立银行良好的社会形象。

第一,组织员工参加中国金融工会以"中国梦·劳动美·金融情"为主题的"金融佳言佳句"书法篆刻、"金融人·金融事"微影视作品等文学艺术创作系列展评活动。围绕纪念工商银行成立三十周年,动员广大员工积极参加总行组织的"中国梦、工行梦""最佳服务瞬间"摄影作品评选活动和全省金融系统第一届职工摄影作品展;积极参加分行全辖员工象棋、围棋比赛,进一步促进员工身心健康。

第二,开展丰富多彩的员工文体活动。组织举办以"凝聚团队合力、奋力争先进位"为主题的第四届职工趣味运动会,开展以"健康生活、低碳出行——工行产品宣传行"骑行活动、"多彩人生、诗意生活"员工摄影作品比赛、"工行向前冲"游泳比赛、"我的工行梦"主题读书活动等为主要内容的"打造团队文化、奋力争先进位"主题系列活动,进一步弘扬企业文化,凝聚员工队伍,强化争先意识,扩大社会影响,推动健康可持续发展。

第三,积极参加分行举办的全辖第三届员工运动会,赛场上运动健儿展现风采,奋力拼搏,赛出风格,赛出水平,取得了团体总分第三名的优异成绩。

第四,以职工之家建设为依托,鼓励和支持员工成立文体活动兴趣小组,开展各类文体活动,推广和交流兴趣小组活动的先进经验。

第五,广泛开展"创建学习型组织、争做知识型职工"活动,统一为全辖各网点订阅在读者中认知度较高并有一定影响力的期刊供员工和客户阅读,进一步丰富员工的精神文化生活,推进全民阅读。

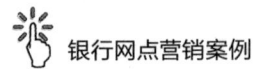

## 案例 60

### 中信银行举办"大手牵小手——小小理财家"父亲节主题活动

2016年6月18日,在父亲节到来之际,中信银行某分行举办了"大手牵小手——小小理财家"主题活动。本次活动让孩子们体验一下做大人的滋味,通过打工赚钱来了解父母赚钱不易,让孩子学会感恩,珍惜现在拥有;同时学习理财知识,从小做一名理财"小达人"。

活动当天,小朋友们可以将虚拟币通过星期八虚拟小镇中的中信银行进行理财投资,每位小朋友均可获得"小小理财家"印章称号。同时,通过"大富翁"游戏及理财"小达人"排行榜,为十位赚取最多虚拟币的小朋友进行颁奖。此外,还随机抽取部分小朋友进行采访,并录制父亲节想对爸爸说的话,在后期制作成视频。活动期间,该分行工作人员很贴心地为客户准备了小点心及矿泉水,并设立一次抽奖环节,给小朋友奖励酸奶、点心等食品,在娱乐游戏的同时确保每位小朋友不会饿着肚子打工。

活动结束后,不少在场家长表示,非常感谢中信银行提供这样的机会给小朋友去体验,觉得活动的整个策划非常有意义。宝贝在视频里面温馨的萌语及父亲节想对爸爸说的话更是获得家长们的点赞。

开展主题活动,关键是要找准突破口,突出主题,体现特色,打造亮点,这样就会收到预期效果。

# 第 21 计　第二课堂

第二课堂是银行开展营销活动的有效途径。通过切合实际的第二课堂，可以取得良好的社会反响，树立银行及网点品牌形象，提升网点销售业绩，锻炼全员素质，也为今后举办更多的营销活动奠定坚实基础。

**案例 61**

### 渤海银行某分行举办第三届中医养生大课堂

进入冬季以来，各种常见疾病也接踵而至，渤海银行某分行经过详细的客户意向调查，联合××区中医院于 2016 年 12 月举办了第三届冬季中医养生大课堂，活动主题为"冬季养生"。为了更好地发挥"老带新"的作用，扩大零售客户群体，此次活动特别鼓励老客户带领新客户报名。活动一经推出，客户纷纷响应，报名十分踊跃。

活动中，××区中医院医师首先带领大家做了全套的颈椎保健操，并详细讲解了各项动作要领。保健操后，中医师就大家感兴趣的养生话题接受咨询并进行了答疑，同时为部分感兴趣的客户现场进行了保健式针灸及推拿。

活动在客户的满意赞赏中落下帷幕，客户纷纷表示意犹未尽，期待下一期活动的开展。

## 案例 62

### ××市邮政客户尊享峰会暨财富人生论坛活动

为了更好地拉近与大客户之间的距离,凸显邮政大客户的尊贵身份,体现以客户为中心的服务原则,按照为客户提供综合性服务发展思路,以达到提升客户黏度的目的,2015年3月25日,××市邮政局特别邀请国内知名投资理财专家前来参加该市举办的"祥龙添运"——××邮政客户尊享峰会暨财富人生论坛活动,与500名邮政贵宾客户展开一次思想的尖峰碰撞,对新时期的投资机会和财富趋势进行深入的思考和探讨。

为确保活动的顺利举办,在会前细化分工的基础上,对会中流程也进行了严密的布置:活动当天由各分局统一安排专车接送客户,到达活动现场后,礼仪人员引导客户有序进入会场就座,每个分局确保每桌至少有两名工作人员陪同;活动开始前播放邮政宣传短片,宣传邮政形象;确保每个座位有一份邮政VIP会员宣传册、兑奖券及调查问卷;由于此次活动参加人数较多,为严密把控会场秩序,安排会场的每个出入口有两名工作人员做引导。

活动现场吸引了报社记者前来采访,中山日报于次日特别报道了本次活动的盛况,再次为邮政企业的形象增强了宣传效果。

在省公司及市局领导的高度重视下,在客户的积极参与下,在邮政局员工们的共同努力下,活动取得了良好的社会反响,树立了邮政品牌形象,也为今后举办更多此类活动奠定了坚实基础。

会后,代理部汇总客户填写的调查问卷,由各分局对客户进行分析,并开展上门拜访及意向客户跟进,从而有效地开发潜在客户。

## 案例 63

### 平安银行推出"小小银行家"系列课堂活动

为了提升周边社区的口碑及影响力,批量拓展周边优质客户,自 2016 年 6 月起,平安银行的两个支行联合周边三家幼儿园推出了"小小银行家"系列课堂活动。截至 2016 年 11 月,该活动已成功举办 7 场,共有 60 组家庭合计 120 人参加了活动。

这两个支行多次梳理活动流程、内容及情景演练,活动流程包括开户体验、货币起源及国内外货币识别、钱的来源及用途、亲子理财总动员、小朋友学习点钞及扮演银行工作人员、父母家庭资产配置及子女教育金方式推荐、小小银行家证书颁发等环节。整个活动流程紧凑,不仅让客户收获了金融知识,也让小朋友们认识到金钱的来之不易,让孩子们懂得感恩父母的付出。活动现场气氛活跃、温馨,得到家长及幼儿园的认可和喜爱。

开展第二课堂活动,关键是确定第二课堂的内容,体现特色,打造亮点,这样才能收到预期效果。

## 第22计 网点沙龙

沙龙一词源自意大利语,其原意为大客厅,进入法国后引申为贵妇们在客厅接待名流或学者的聚会,后来逐渐演变为一种在欣赏美术结晶的同时,谈论艺术、玩纸牌和聊天的场合。再后来,"沙龙"成了极具品位的"高大上"聚会的代名词。对于银行网点来说,在特定时期举行网点沙龙是每个网点的常规动作。举办网点沙龙要达成以下目的:答谢客户长期以来的支持;加强与客户的情感交流,并在此基础上,推介相关产品。

### 案例64

**桂林银行某支行"家庭急救知识"沙龙活动**

留守老人已经不再是农村独有的现象,市区留守老人的问题逐渐凸显。他们的子女白天不在身边,他们又缺少必要的科学急救知识,存在一定的急救风险。2014年4月26日,桂林银行某支行举办了"家庭急救知识"沙龙活动,支行结合老年人常见的突发急救问题,让独自在家的老年人掌握科学急救的基本知识与技能,使忙碌在外的子女对家中的老人更放心,为客户健康保驾护航;同时,切入本行保本型理财、如意宝等适合老年人需求的金融产品,让老年人更真切地体会到社区银行的贴心、用心、真心服务,提升客户对我行社区银行品牌的忠诚度。

活动当天,红十字协会的张老师为大家授课,高新支行刘韬副行长为本次沙龙致辞。授课期间,客户们认真记录救护措施,积极与老师互动。授课结束后,客户参与度很高,纷纷举手上台进行现场救护演练。同时,为了更好地了解客户对沙龙活动的需求,以便更贴心地提供金融服务,支行还为到场所有客户准备了一份《桂林银行客户满意度调查问卷》,让客户感受到了该银行的细心关怀。整场讲座在大家的欢声笑语中结束。

本次活动共计发放宣传海报300余份,收集客户联系信息32份,邀约客户现场开卡11张,存款新增34.4万元,理财预约8户。本次活动在提升客户对该社区支行忠诚度的同时,也促进了4月末存款的稳定增长,为5月理财的销售打下了坚实的客户基础。

该支行还在沙龙活动后续的跟踪过程中做了两项工作:一是根据活动收集到的32份客户信息进行了后续电话回访,了解客户近期资金投向情况,为下一步开展针对性营销提供了信息资源;二是针对活动中8位预约理财的客户进行了电话回访,顺利为客户购买了理财产品,客户对我行工作人员的服务表示满意。

## 案例65

### 邮储银行某分行开"厅堂微沙龙"助网点转型

2014年初以来,邮储银行某分行积极加快网点转型升级步伐,倡导"精细化"管理理念,开展厅堂微沙龙活动,将端口前移,实现与客户"零距离"对接,不断提升网点综合管理能力和服务水平,促进各项业务又好又快地发展。

2014年9月15日,该行邀请了北京××公司的两位培训师到现场对辖区内×××路支行所有人员进行培训,并开展了5天的驻点观察,与办理业务的客户进行了交流。×××路支行柜面每日接待的客户较多，但客户等候的间隙没有员工向客户进行宣传，挖掘客户。针对这个现状，该行对大堂经理专岗辅导及对网点大厅进行业务宣传布置后，开展了厅堂微沙龙活动：一是在前期准备话术、活动宣传品和客户互动环节业务知识宣传问答的基础上，做好对厅堂休息区客户的二次分流，减轻柜面压力，营造了浓厚的活动氛围；二是多频次开展厅堂微沙龙，围绕等待客户关注的邮储银行卡折是否收费、邮储银行卡最低存款、邮储银行手机银行转账收费等问题进行互动提问和有奖问答，面对面向客户讲解基础金融和日常业务知识，调动了客户参与活动的积极性。

该支行通过开展微沙龙规范化服务活动，有效地缓解了客户的等待情绪，从中挖掘厅堂潜在客户，拓展了优质客户资源，形成支行行长对外营销、柜员主内营销、大堂经理内外联动的三位一体式营销服务格局。

## 案例66

### 兴业银行某支行举办高端客户红酒品鉴沙龙

兴业银行漳州某支行携手××社区支行、××社区支行在万达兴业银行漳州私人银行中心举办"相约红酒不鉴不散"高端客户红酒品鉴沙龙活动。品鉴会上，品酒师为现场60多名嘉宾讲解品鉴红酒的方法与要点，并从葡萄酒的产地、品类、色泽等方面与来宾分享。

活动中，兴业银行漳州分行理财师还介绍了该行近期热销的高收益理财产品及新推出的授信贷款产品，帮助客户实现资产优化配置。如可实现购买当天起息、赎回当天到账的短期理财助手"现金宝1号"，一款年化预期参考收益率达6.5%的私行高端定制型理财产品。理财师还针对国家行政部门、企事业单位等优质单位员工以及高端优质客户实行信用免担保个人消费贷款。现场许多嘉宾纷纷签约了该行的理财产品，银行同时收集到许多有意向办理授信贷款产品的客户资料。

活动尾声，兴业银行工作人员抽取一名幸运嘉宾，送上 iPhone6 手机一部。接下来，这家分行陆续推出一系列贵宾专享活动，切实推进与高端客户的互动交流，为客户提供更加专业、周到、贴心的服务体验。

对于银行工作人员而言，如何举办一场成功的沙龙呢？主要注意以下几个方面的内容，即确定主题、邀请客户、场景布置、营销手法等方面。

## 第 23 计　路演活动

一般银行举办路演活动,大多会选择在大终端、人流量多且产品需求量大的位置。终端是路演活动的承接,路演活动是终端的延伸,两者互相影响,只有活动效果好的终端承接才能发挥最大的路演效果。

### 案例 67

#### 交通银行举行"蕴通财富,伴您同行"路演活动

2014年5月22日,交通银行"蕴通财富,伴您同行"巡回路演在江西南昌举行。本次路演活动中,交通银行总行派出了公司业务、投资银行、国际业务领域精英团队与参加活动的企业家交流企业财富管理、多元化融资服务以及境内外综合金融服务方案,带来一场企业财富管理和智慧金融服务的"头脑风暴"。江西省省政府金融办有关负责人,驻赣大型央企、行业龙头企业以及优秀民营企业的高管200余人一同见证了这场政、银、企金融智慧的盛宴。

交通银行"蕴通财富,伴您同行"路演活动是落实金融服务产业、金融支持实体经济发展的重要举措。22日的路演活动以"创新与合作"为主题,旨在通过交行综合化、国际化经营平台实现政、银、企三方无缝对接,通过产品创新和服务创新满足社会经济多元化金融需求,推动实体经济更好地发展。路演活动现场,交通银行江西省分行还与中国江

西国际经济技术合作公司、毅德国际控股有限公司签订了全面战略合作协议。

"蕴通财富"是交通银行公司业务财富管理专属品牌,高度整合了企业结算、现金管理、融资授信、贸易服务、企业理财、财务顾问、投资银行、企业年金、离岸银行、网上银行等在内的各项金融服务,覆盖了公司采购、生产、销售、投资等各个经营环节,为企业提供全面的公司金融服务。具体而言,就是针对企业的行业、规模、财务管理模式等不同属性或特点,通过客户经理与专业产品经理的密切配合,"蕴通财富"在已有的产品应用解决方案的基础上,定制不同的产品组合,以专业水准为客户量身定做个性化服务方案。

对有资金打理需求的企业而言,银行此举无疑能准确地把握客户的需求,从而提出一整套解决方案,配合一站式到位的金融服务,不仅可以迅速全面地解决企业的燃眉之急,还有望让企业在纷繁复杂的市场中,借助交行之力,赢得先机,抢占市场,实现财富的积累和经营规模的扩张。

## 案例 68

### 江苏银行连云港分行举办普惠金融大型路演活动

为普及金融知识,让市民享受到更实惠的金融服务,江苏银行连云港某分行于2015年4月25—26日在连云港苏宁广场首次成功举办了"普惠金融、消费信贷、分期业务"大型路演活动。

活动期间,30名"融享+"直销专员到现场开展宣传,向客户重点介绍江苏银行的特色产品。针对拥有一定消费能力和超前消费意识群体的消费分期业务,具有零首付、下款快、专人上门办理的优势;针对大众人士方便快捷的网上银行、手机银行、直销银行,免去网点排队的麻烦;针对保守型客户的"智存宝"特色储蓄业务、理财产品,稳健理财、智能贴心。

通过两天的宣传，更多的连云港市市民了解了江苏银行的品牌和产品，银行真正地把"好用不贵"的个人消费金融产品送到了连云港市市民身边。许多百姓主动来咨询消费分期信贷产品，在得知其无须抵押、担保，申请手续简便，提供银行专员上门服务，最快当天即可申请到贷款，且无须交纳额外费用这些优势后，纷纷留下信息，表示合作的意向。更具特色的是，江苏银行是同行业中首家使用PAD办理分期业务的银行，通过PAD办理分期业务方便快捷，减少了资料整理传递的时间，提高了业务受理效率，让客户享受到方便舒心的服务。

此次普惠金融消费信贷大型活动，共发放宣传单页3000余份，现场签单12笔，收获意向客户204户，微信关注客户1181人，让众多港城百姓了解了江苏银行，提高了"融享+"品牌的知名度。

## 案例69

### 江西银行挂牌成立创意路演活动

2015年12月16日，充满活力的"快闪"活动在南昌、九江、赣州、景德镇、上饶、吉安、新余、抚州等地同期开始，打造了一次极具创意的"青春宣言"。这次全省"联动"的"快闪"活动是由江西省刚刚成立的首家省级法人银行——江西银行策划组织的。

16日下午，在省会南昌的恒茂梦时代广场，人们突然被一曲悠扬的歌声所吸引，一群青春洋溢的舞者在店铺、街头欢快起舞并逐渐汇聚，引得人们纷纷驻足。伴随着《因为爱》的旋律，舞者们将青春向上的正能量演绎得淋漓尽致。

活动充分利用交互视频、HTML5技术和互动活动系统等技术，集科技、趣味和互动于一身，在江西省金融行业中尚属首创。这既是"互联网+"在此次活动中的实现形式，也是江西银行金融"O2O"的一次大胆尝试。整场活动的舞者多为江西银行的员工。他们自己编舞，并在工作之余紧张排练，为现场观众奉献了一场完美演出。

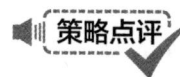

路演活动主要以主舞台的主持人推介、节目表演、有奖问答、游戏活动及各功能区的咨询交流、营销推广组成。在活动过程中，客户经理可以积极地对意向客户进行基本情况的调研，对目标客户信息进行建档管理及客户分析，以利于未来业务的拓展。

## 第 24 计 团购活动

团购作为一种新兴的电子商务模式,通过消费者自行组团、专业团购网站、商家组织团购等形式,提升用户与商家的议价能力,并获得商品让利,引起从而消费者及业内厂商,甚至是资本市场的关注。

### 案例 70

**招商银行推出团购服务**

2014 年 11 月 23 日,招商银行推出团购服务,成为第一家推出团购服务的银行。"非常团"网站即为招商银行推出的团购服务,团购信息为 1 元团购租车服务。

该网站团购过程总共分为四步:第一步放入购物车;第二步查看购物车;第三步确认并支付订单;第四步查看支付结果。订单成功之后就可以收到支付成功的提示、邮件及短信提醒。

有分析人士对该现象表示,银行的先天基础可以促成其做团购的第一个理由,因为银行的经营状况和市场地位使它拥有客户资源、支付工具和诚信基础三大优势,无疑为团购市场注入一剂强心剂。事实上,银行因为掌握了商家和消费者两端客户,只要是在全国范围内开展业务的银行,最少也拥有近万家的特约商户和数以百万计的信用卡持卡人。所以,在挑选参加团购的商家时,不但选择面更宽,而且在谈折扣返点时也可以作为筹码。同时，多数银行的国有背景更能给人以安全感。招商银行推出团购服务，应该是银行业的一个新尝试。

## 案例 71

### 建设银行携手一汽大众举办大型团购会

2015年3月20—22日有这样一场购车盛会，客户可以亲临一汽大众达州新世纪4S店，亲身体验建设银行专项分期方式带来的轻松便捷。只要客户选择一汽大众全系车型，通过建行分期购买就可享受零利息的简便购车方式。在活动当天，部分车型还可享受现金优惠、赠送万元大礼包的超值购车机会：捷达最高优惠9200元，宝来最高优惠7000元，速腾最高优惠1万元，高尔夫最高优惠9000元，迈腾最高优惠3万元，CC最高优惠1.3万元。

其实，有些人选择分期是因为需要留些钱在手头上周转，支付些利息也可以接受；有些人本来手头上资金不多，但有稳定的收入，就选择分期方式来购买更高配置的车……无论是怎样的原因，分期购车已经成为一种时尚。那现在分期购车方式有哪些呢？目前很多汽车品牌有了自己的金融公司，这些金融公司是为了给消费者提供更多的购车付款方式，增加汽车经销商的销售量而成立的，会推出很多贴补汽车经销商利息的方案，并要求经销商把这部分贴息体现给消费者，促进车辆的销售，这样大家就经常可以看到一些零利率、零月供的方案了。还有一些汽车生产厂家直接与国内的银行对接，通过银行本身的客户群体增加销售量，银行客户直接在汽车经销商处刷信用卡购车，也可以享受很多0利率或低利率的优惠。其实汽车生产厂家也是补贴了一部分的利息给银行，银行促进了信用卡的消费，消费者也得到了实实在在的利率补贴优惠。

案例 72

## 中国银行百城团购营销四重礼优惠活动

2016年6月1日至2016年12月31日，中国银行举办了百城团购营销四重礼优惠活动。为了使活动顺利进行并取得预期效果，中国银行制定了相关规则：第一，本次活动适用于中国银行信用卡持卡人（不含借记卡、外币卡、公务卡）；第二，卡账户出现欠款逾期、欺诈冻结等异常状态的，不参与本次活动；第三，本次活动具体手续费率收取标准，请咨询当地中行经办机构或中行合作汽车经销商。

参加这次活动的城市遍布全国，有北京、上海、天津、哈尔滨、沈阳、长春、呼和浩特、太原、合肥、长沙、西安、乌鲁木齐、海口等。活动期间，针对一汽奥迪、一汽大众、沃尔沃、凯迪拉克、利星行等合作汽车品牌，银行联合品牌厂家经销商组织现场团购优惠活动。

四重礼是：第一重礼，低价爆款车！每月主推一款车型，由车商或经销商提供具有吸引力的指定低价爆款车型，参与团购的客户可在团购日专享。第二重礼，最高免16800元手续费。根据车型及分期金额不同，客户可获得厂家的汽车分期业务手续费贴息减免优惠，如奥迪车型，最高可免16800元手续费！第三重礼，最高得500元京东红包！客户参与团购，可以享受最高500元京东红包等营销活动礼品及最高可获赠10万积分。第四重礼，特色团购大礼包！客户参与团购可再享受由分行当地资源为客户提供的特色团购大礼包。

**策略点评**

在实际工作当中，银行社区营销过程中开展团购活动，既可以帮助客户选择适合自己的银行产品，也能实现提升业绩的现场促销。

# 第 25 计 体验活动

体验活动是一种以看、听、用来参与的方式。通过体验活动做营销,就是充分刺激和调动消费者的感官、情感、思考、行动、联想等感性因素和理性因素,利用传统文化、现代科技、艺术和大自然等手段来增加产品的体验内涵,给消费者心灵带来强烈的震撼,以促进产品和服务的销售。

## 案例 73

### 农商银行某支行举办庆"六一"VIP 客户亲子活动

在欢乐的"六一"儿童节来临之际,为更好地回馈、服务贵宾客户,丰富贵宾增值服务,增强客户黏性,促进客户与网点、客户与孩子之间的互动交流,2016 年 5 月 29 日,农商银行某支行举办了以"童心童趣,同庆六一"为主题的"六一"亲子感恩回馈活动。活动特邀专业蛋糕坊、有机蔬菜厂商协助,以"让客户感受到宾至如归的感觉"为要求,依托蛋糕 DIY、亲子游戏、参观行史馆等活动,共同打造一场内容丰富、寓教于乐的儿童欢乐盛宴。

活动现场,蛋糕师傅为大家示范了蛋糕制作的基本技巧和过程。"将新鲜的奶油涂抹在蛋糕胚的表面,转动底座转盘,用奶油刀抹平。"师傅一边示范一边讲解,孩子们围在其周围,边听边比画。终于到自己制作了，家长和孩子们齐上阵，只见奶油一抹，随着转盘的转动，不一会儿，一个个美味的蛋糕雏形就出来了。接下来，家长鼓励孩子们发挥自己的想象力，在蛋糕上DIY。你见过长着熊猫眼的美羊羊吗？见过独眼的熊大吗？你见过开满鲜花的蛋糕吗？没错，孩子们发挥天马行空的想象，玩得不亦乐乎。

亲子游戏环节，家长与孩子一起玩起了猜蔬菜、吹乒乓球等小游戏，充分考验了父母与孩子间的默契度，培养了孩子的合作意识，锻炼了孩子的动作协调性和灵活性。本次活动得到了家长和小朋友们的一致好评。整个活动现场充满了欢声笑语，一派其乐融融的景象。客户简女士发出真诚地感叹："平时工作太忙，又经常出差，很难抽出时间陪孩子玩耍。这次借新余农商银行举办的亲子活动，不仅增进了我与孩子间的感情，而且在做蛋糕时培养了孩子独立动手的好习惯，真是一举两得！"

此次活动是该行近年来组织的首次"六一儿童节"主题活动，该行表示，将吸收经验总结不足，在今后继续深入地开展系列客户回馈活动，进一步为客户提供细致、贴心、全方位的金融服务。

## 案例74

### 建设银行金融亲子体验活动人气爆棚

2016年12月17日，作为第六届"百姓看银行"暨2016年度金融总评榜的配套活动——金融体验团线下亲子体验活动第一场活动走进建行福州城北支行，第二场和第三场活动分别走进渤海银行和华夏银行。

金融体验团线下亲子体验活动招募的儿童年龄层为6—12岁，参与活动即可获得价值108元的韩式文具套装一份，活动当天参与现场互动，还有机会获得银行提供的精美礼品。

第一场金融体验团线下亲子体验活动人气爆棚，活动启动报名后仅两天的时间，15个亲子家庭的名额就招满了。没赶上第一场活动的林女士感叹道："本以为离报名结束还有一段时间，不需要急着报名，没想到名额这么快就满了。"得知接下来在12月18日和24日还各有一场活动后，林女士立马就表示，想报名参加18日的活动。

### 案例75

## 农业银行某支行开展贵宾客户金融产品体验活动

2017年1月12日上午，农行某支行开展贵宾客户金融产品体验活动。贵宾客户齐聚一堂，近距离欣赏农行的实物贵金属产品，切身体验快速便捷的电子银行服务，详细了解贷款业务……现场气氛活跃，客户反响强烈。

活动期间，该行业务骨干以PPT的形式向客户展示了农行的零售业务、电子银行和信用卡等业务产品，通过生动形象的讲说让客户对相关产品有了更加深刻的认识，也获得了台下观众的阵阵掌声。

此次活动不仅增进了银行与客户之间的感情，更为下一步的深入合作夯实了基础。

**策略点评**

体验活动是银行社区营销活动中经常用到的营销方式。体验活动需要感性和理性双重因素的参与，因此要先有一个"主题"，在过程中要关注客户的体验，要以体验为导向，设计、制作和销售你的产品及服务，并注重沟通。

## 第 26 计　节庆活动

几千年来，中国传统的、民族的、民间的、宗教的、法定的节庆活动数不胜数，影响甚大。特别是改革开放以来，冰雪节、美食节、登山节、啤酒节等现代节庆活动如雨后春笋般出现在祖国的大地上，演绎出中国文化的无穷魅力。"节日经济"已成为一朵娇艳的花，开在城市的土壤里，接受经济活动者和消费者的润泽。

### 案例 76

#### 工商银行某支行节日业务宣传营销活动圆满"收官"

工行某支行在 2016 年国庆之际，为突出"节庆"主题，组织开展了丰富多彩的业务和产品宣传营销活动，提高了工行服务形象和业务产品的影响力，全行储蓄存款、理财、贵金属、融 e 联等产品营销取得喜人佳绩。

一是满点服务树形象。节日期间该支行的各网点确保满时点营业，大堂经理、客户引导、保安、卫生清洁员各岗人员齐到位，坚持开展规范服务、"三声服务"、引导服务。在快速准确地为客户办理业务的同时，见缝插针地宣传营销电子银行业务，宣传上门服务、理财服务的轻松无忧，从而在客户中树立起工商银行"身边的银行、可信赖的银行"的形象。

二是宣传产品亮特色。该支行针对节日期间客户流量大,而客户对工行部分新产品不够了解的情况,通过电视飞播、悬挂横幅、LED显示屏、发放资料、银行领导坐堂等多种形式,大力宣传推介"薪金溢""存管通""节节高""大额存单""e+3"理财产品、基金保险等各类新产品。同时,依托节日特点,开展重点业务和产品主题营销活动,大力营销存款、理财产品、贵金属、手机银行等业务和产品,在客户中充分展示产品种类丰富、投资理财渠道宽广的工行产品特色。

三是喜庆环境引客来。节日放假前,该支行对营业网点进行了彻底的清洁,悬挂张贴了烘托节日喜庆气氛的宣传招贴,对各类宣传用品进行了替换,电子屏除播放业务宣传用语外,还插播节日祝福贺词。网点内员工喜迎客户,笑脸相送,热情引导,耐心指导,处处显示出亲切和谐的氛围,吸引十里八乡的客户纷沓至来。

四是识假兑残聚人心。该支行针对节日期间市场消费量、用现量大,商户和居民担忧假币的情况,积极配合人民银行反假币宣传活动,网点悬挂横幅、设立反假币宣传台,通过图片展示、发放资料、真假对比、播放反假币宣传片等方式,进行新版人民币特征介绍,接受客户咨询,耐心向群众讲解假币防伪知识、识别方法、残缺污损人民币兑换方法等,帮助客户掌握真假人民币鉴别方法。宣传活动受到了客户的一致赞誉。

## 案例77

### 交通银行某分行在"双节"推出"天目瓷"系列产品

每逢小长假,金融界虽然并未刮起大风,但湖面还是会泛起一些小涟漪。2015年的端午小长假里还包含了父亲节,给了银行一个促销的双重理由。随着"双节"的临近,不少银行更是推出了多种主题营销活动。例如,交通银行某分行于6月8日推出"天目瓷"系列产品。该藏品集大师之力，融现代技法，历经三年半时间倾力打造，器形古朴厚重，釉彩黑中透银，用匠人之心，出至臻上品，拥有极高的收藏价值与养生功效。

该系列包含"天目银鱼盏""天目莲花盏""天目莲心盏""天目连年有余套装"四款产品。这些产品由交通银行在全国限量发行。每件藏品底部均有大师的签名和唯一的数字编码，与收藏证书中的数字编码完全对应。"天目瓷"藏品证书则由中国印钞造币总公司中钞光华制作，为确保藏品为大师作品，证书背面有大师的亲笔签名并按有手印。

### 案例78

#### 邮储银行某分行在"双节"推出实物金邮票

金邮票是使用邮票图案与贵金属结合所制作的产品，是传统邮票与贵金属的完美结合，具有不可复制性、权威性，文化内涵更是无可替代。

在2015年的端午节、父亲节"双节"临近之际，邮储银行某分行推出了一款实物金邮票。该行个人金融部工作人员介绍道："目前'一二三轮生肖邮票大全纯金纪念版'全球限量2万套，售价仅9580元/套；36年生肖邮票一次性集齐，纯银版全球限量5万套，售价2380元/套。该系列产品具有收藏及升值空间，非常适合节日送礼或孝敬长辈。"

在此之前的2015年1月5日，邮储银行就在生肖羊年来临之际，为感恩回馈邮储4亿多客户8年来的真诚相伴与支持，在全国限量发行了邮储历史上的第一张生肖金邮票——"邮储有福"羊年贺岁金"钞"。

对于老百姓来说，提到"中国邮政"首先想到的便是作为邮资凭证的邮票，而在邮票领域里，生肖邮票是其中一个重要品类。中国邮政储蓄银行发行的第一张生肖邮票金"钞",整合了"钞 + 邮票 + 黄金"的概念。而"邮储有福"四字是"有储有福"的谐音,邮储银行以此作为新年的第一款产品,祝福广大中国老百姓享受优质生活,储备财富、增长福慧。

银行社区营销中的节庆活动即利用节假日举办活动,在扩大银行影响力的同时,进一步提高活动"产出"所带来的效果,其关键是要抓住四个要点,即重点、亮点、热点和卖点。

# 第 27 计 游园活动

游园活动是一项传统与现代并存的娱乐活动。活动现场往往布置形式各异、集趣味性与益智性于一体的摊位，参加者可成群结队地在各个摊位前观赏、游戏及猜谜等，在"摊位巡游"过程中获得乐趣，感受节日氛围。

**案例 79**

**桂林银行某支行国庆、重阳双节游园会**

在 2014 年国庆节和重阳节"双节"到来之际，桂林银行某支行以"九九重阳节，浓浓敬老情"为主题举行游园会。活动内容有猜谜语及支行产品知识问答、夹玻珠、运球帷幄、弹球、摸小丑鼻子、套圈、免费量血压等。

在活动进行中，支行结合贵宾卡、积分等产品向居民们宣传本行产品的优势，发放大量宣传折页，并详细地解答现场居民们的疑问。同时为居民们提供现场开卡服务，让有需求的居民马上就可以拥有一张属于自己的八桂旅游卡。

本次活动中共收集客户信息 23 户，其中理财需求客户 8 人；开卡 16 张，发放自制宣传单 100 份，社区支行宣传折页、贵宾卡折页等宣传介绍 300 余份，达到了较好的宣传效果。银行通过此次以"九九重阳节,浓浓敬老情"为主题的游园活动,拉近了支行与所在社区居民之间的关系,让"桂林银行,您的好伙伴"的观念深入人心,也让支行漓江储蓄如意宝、漓江理财等产品得到了更好的推广。

在活动结束后,由大堂经理和零售客户经理对留下信息的客户进行建档整理,并做了短信问候,表示对他们参与活动的感谢,并提出会在下次活动前有短信告知,对有理财需求的客户也及时发送理财预告。截至9月底,小区内已有9名客户到支行办理理财业务。

## 案例80

### 邮储银行两支行开展贺新春、迎新年游园活动

新春佳节是中华民族最隆重的一个合家团圆、万众欢庆的传统节日。为丰富员工的业余文化生活,让员工过一个活泼轻松、欢乐祥和的节日,邮储银行万载县支行工会举办了一次"感谢有你,心享2016"贺新春、迎新年游园活动。2月1日晚,全行员工及家属百余人共同参加了此次活动。

"我要砸金蛋、砸个双黄蛋……"一大群可爱的小朋友指着"金蛋"在欢乐地叫喊着。该支行把会议室装点和布置得像个游乐园,游园活动在一片欢声笑语中拉开序幕。此次活动游乐节目包括蜻蜓点水、飞镖、"瞎子"穿拖鞋、乾坤小挪移、超级保龄球、比比谁的眼力好、砸"金蛋"领红包多个精彩游戏。大家发扬营销业务般的齐心协力、团结拼搏精神,互相信任、沟通、协作,发挥团体智慧,穿梭于各项活动之中。特别是在最后的"砸金蛋领红包"环节,大家每砸一个"金蛋",都说一句祝福语或新年愿望。一位砸中"双黄蛋"的同事道出自己的双语祝福:一是祝愿企业2016年业绩翻番,再创辉煌;二是祝福家人朋友身体安康。简单的新年愿望,道不尽祝福的心声。现场气氛热烈,精彩纷呈的游戏活动持续了两个多小时。窗外寒风凛冽,屋内暖意

融融,大家脸上都洋溢着灿烂和甜美的笑容。

迎新年"游园"式的丰富多彩的活动,使员工多了一份身体健康、心情舒畅的快乐。许多员工和家属纷纷表示,邮储银行是银行中的佼佼者,自己和家人能在这样的企业中工作很放心、很安心,今后将继续努力工作,做好后勤保障,共同促进企业和谐健康地发展。

2016年2月4日晚,邮储银行宁化县支行也开展了2016年迎新春游园活动,共贺新春佳节的到来。

游园会上有小品、唱歌、舞蹈、模特秀等即兴表演节目及套圈、飞镖、踩气球、撕名牌等多个集趣味性、娱乐性为一体的游戏项目。大家纷纷拿出自己的看家本领,争先恐后参加各类趣味游戏,特别是"撕名牌"将整个游园活动推向高潮。通过活动的开展,支行进一步释放了员工的工作压力,让大家在新的一年里以更加饱满的精神状态投入到新的工作中。

## 案例81

### 招商银行某分行举办"小小银行家"亲子喜游园活动

为积极倡导健康向上的理财观念,2016年7月下旬,招商银行绍兴分行携手幼教培训机构"凤凰机器人",在柯桥天宏广场举办了"童年不同样——'小小银行家'亲子喜游园活动"。

精心设计的场地布置,趣味十足的亲子游戏,受到了孩子们的热烈追捧,"辨钱币""识硬币""买玩具"……活动现场高潮迭起,而家长们则更钟情于对"出国金融、出国留学"计划、"珍爱未来、成长护航"少儿教育金等产品的了解。两个小时的游园活动,在欢快的气氛中结束。

活动结束时,小朋友都获得了银行工作人员准备的公仔礼物,家长们也纷纷将本次活动的照片分享至朋友圈,集赞数量最多的前5位家长还为宝贝赢得了乐高积木小玩具。在活动现场,多位小朋友和家长都表示在本次活动中受益匪浅,希望能有机会再次参加。

此次活动是招商银行绍兴分行与当地培训机构友好合作的一次有效尝试,由于准备充分,双方合作取得了预期效果。

银行主办的游园活动不仅为促进内部员工相互了解、培养团队精神、增强凝聚力提供了一个良好平台,也体现出银行关心员工、实施人性化管理的文化氛围。更为重要的是,由于众多员工家属的参与,银行在无形中也扩大了知名度和美誉度,具有深远意义。

# 第四部分
# 营销篇——精兵作战

精兵作战是在新时代和新技术条件下对营销的要求，是营销在理念及组织、流程等方面的创新。精兵既可以是来自企业内部，也可以是引外援；既包括个人，也包括集体，这些力量都有助于企业树立形象、增加知名度。与此同时，对于企业所选择的任何一种营销模式，也需要由精兵来操作，这样才更能收到预期效果。这部分所展示的名人营销、能人营销、领导营销、关系营销等九个方面的成功案例，就是因为精兵在不同程度上挥了作用。

# 第28计 名人营销

名人营销是指利用名人作为营销手段,帮助企业做宣传来推动产品销售的营销方式。小到居家用品促销,大至国家政府性活动,各种名人营销策略尽显其能。名人与品牌的联姻组合已经成了在商战中克敌制胜必不可少的一把利器。值得注意的是,名人营销必须要有好的策划,有内涵。名人营销不是空洞地说教,如果没有建立在文化的基础上,没有内在的联系,即使产生一定的影响,也不能持久。

## 案例82

### 范冰冰出任紫马财行的形象大使

据多家媒体报道,2015年10月,一线明星范冰冰出任P2P平台紫马财行的形象大使,一时间掀起明星试水互联网金融的话题热潮。

紫马财行是范冰冰互联网金融行业的第一合作品牌。作为全国首家母基金背景的互联网金融平台,紫马财行获得了金融大鳄吴鸣霄的亿元注资,正式上线仅半年时间,投资额已突破34亿元大关,注册用户量突破19万人。平台十分注重风险把控,资金交易由阳光保险承保,成立以来零坏账。在"双十一"期间,紫马财行更是与海尔、华为等66个中国品牌携手登陆纽约时代广场,是北京入选的十个品牌之一。

品牌与明星合作,有利于树立良好形象,增加品牌曝光度。互联网金融品牌与明星的嫁接，借力明星效应，可以提升品牌知名度，增加品牌辨识度。有分析人士认为，范冰冰与紫马财行此次成功合作，很有可能带来互联网金融行业与明星嫁接的新浪潮。

## 案例 83

### 黄觉为美利金融独白演绎"我是个 Loser 吗"

2015 年底，知名消费金融平台美利金融发布首部 TVC 广告片，明星黄觉在片中代言美利金融。"我是个 Loser 吗？我有时候会问自己。"其朴实的独白引人共鸣，获得网友纷纷点赞。

黄觉在广告片中本色演出，将自己的日常生活和工作状态如实呈现：在忙碌的片场中被大声唤醒，拖着疲惫的身躯不停地接戏，跳楼、砖拍脑袋、手撕鬼子或者"撕什么都行"……黄觉为了家人不停地拼搏，却总是在焦虑，万一哪天没人请或者"撕"不动了，总得做点什么。在片尾，黄觉给出答案："一个平凡的演员，撑着一个还算合格的男人和一个挺安全的家庭，我觉得我还行。"并点出主题："用更多金融可能，支持更美丽的人生，美利金融。"

广告片引出网友对赚钱与生活、理财与人生的讨论。我们身边总有一些朋友，也希望按自己的意志去生活，可始终因为现实的压力，不得不做着不开心却能糊口的工作，像广告片中的黄觉一样，"只要能赚钱，让我撕什么都行"。大多数人，都是被生活推着向前走。

在美利金融，年轻人既可通过"定存宝""月息通"等理财产品实现理财，为未来做好储备，也可以通过美利金融旗下的两家全资子公司——力蕴汽车金融和有用分期实现对二手车和 3C 数码产品的消费分期需求，提前享受生活。未来是留给有准备的人的，要过自己想要的生活，就要从现在开始，准备好一份未来的保障，让自己在三四十岁时就可以拥有随时掌握人生的底气，可以按照自己的意愿去生活。

## 案例 84

### 百度钱包全新宣传片，胡歌深沉告白

2016年初，胡歌作为百度钱包代言人主演的两支TVC在爱奇艺独家上线。其中一支宣传片中，胡歌身穿帅气马术服，纵一匹良驹驰骋在马场之上，英气勃发。他时而对镜整装，翩翩上马，时而面对镜头深情告白："你懂坚持，而我懂你""我要让你的每份付出都有回报""我会和你一直走下去"，让广告显得如同情书般缠绵。另一支宣传片中，胡歌对准镜头，娓娓道来付出与坚持，似在向谁告白。而片中胡歌对百度钱包"陪伴""付出"和"坚持"的诠释恰巧与他本人10年的演艺生涯相契合，"坚持，让付出从一开始就变成收获"，正是这样一种精神让胡歌一步步成为"国民男神"。

胡歌代言所引发的粉丝效应将会大大增加百度钱包的用户，快速提高百度钱包品牌的知名度，并巩固底层流量。

企业应该了解产品、形象代言人、受众的特点，聘请合适的名人作为形象代言人，以达到有效宣传品牌和产品的效果。

## 第29计 能人营销

能人营销,即充分发挥干部职工的社会资源和人脉的作用,对拟营销的目标客户实行全行认领,认领后有针对性地开展营销。能人营销是能人经济中的一种支撑性力量。

### 案例85

**某银行大堂经理的服务营销案例**

起初觉得大堂经理的工作很简单、很平凡,每天迎来送往不同的客户,办理着自己已经很熟悉了的业务,按照行里的规定,完成着属于自己的"任务"。但渐渐发觉,一切规定都是在告诉我们怎样做是对的,而怎样才能做得更好,这就需要我们自己发觉了。

那是在我代班大堂经理的这段时间,有一位对我来说比较特别的客户,她是一位五六十岁的老大娘,带来的钱是用报纸精心包着的,询问后才知道她是想把钱存一个定期。大娘很亲切,我便耐心地回答着她的问题,生怕我的回答还有让她不明白的地方,没想到大娘却在办理完业务后,用一种很不好意思的语气问我:"你们这有存款任务吧?"我很疑惑地点了点头,大娘很肯定地笑笑说:"我这个钱就给你当存款任务吧。"我不断地和大娘说"谢谢",她的身影渐渐地离开了银行的营业大厅,可她的几句话却让我的心里比喝了蜜还要甜。因为她肯定了我的工作。然而我知道，是大娘诚恳的态度、和善的微笑打动了我，我真正应该做到的是对待每一位客户都给以真诚的微笑和最用心的服务。

我有一位同事入行三年，连年被评为"文明服务标兵"，并且轻轻松松，看不出一点儿压力。每天只要一进入工作状态，她的脸上就荡漾着甜甜的微笑。她和风细雨，善待每一位客户，认真对待每一件事情。她几年如一日的笑容，绝不是练出来的，而是源自她积极的人生观和充分的自信。试想一个对生活悲观失望的人，一个愤世嫉俗的人，怎么会总有微笑的心情呢？一个连对客户提出的问题、对工作的压力都没有信心承受的人，又怎么能笑得出来呢？曾经有一位脾气暴躁的顾客，用恶毒的不堪入耳的言语羞辱她，年轻气盛的男同事气得握紧了拳头。如果不是因为工作纪律，他们真的会冲出去与这位不讲理的顾客理论一番，而我这位同事，只见她那双美丽的大眼睛里蓄满了夺眶欲出的泪水，可是脸上那灿烂的微笑却丝毫没有褪色，她依然那么温柔而又不卑不亢地说："请您消消气，您回去再核实一下好吗？"这件事的结果不用我说，大家也能猜得出来，从此客户赞许地称她为"微笑天使"，她的微笑不仅感动了客户，更感染了周围的同事们。大家都说："只要进了这个营业大厅，就好像到了亲人家里。"

全国许多行业都在提倡微笑服务，许多人煞费苦心地对镜练习。微笑不是一种职业化的笑脸，而是一种情绪，是微笑者积极人生态度的表现，是他们充盈的内心世界真实、自然的流露，也是热爱工作、真诚对待客户的体现。有的时候换位思考一下，客户真诚的微笑会打动我们，那我们发自内心的微笑也同样可以打动客户吧。

培训中有这样一句话："服务态度是弥补服务过程不足之处的修复剂。"在柜面工作中，常常出现所要办理的业务手续比较烦琐的时候，当然不是所有的客户都可以理解银行，偶尔会遇到对此抱有埋怨的顾客，这时候需要的是更周到的服务、更耐心的解释和真诚的微笑。在办理业务过程中，我们要站在客户的角度看问题，尽量保证客户的利益，尊重客户的想法。在非原则性的事上不要随便对客户说"不"。所以，我们提倡的令人信赖的服务质量、令人赞许的服务效率、令人满意的服务态度，这绝不是一种表面的东西，它应该是我们播种的思想所收获的行为，并成为我们每一个建行人所具备的习惯和品格。这种思想就是要有集体荣誉感、爱岗敬业、勇挑重担的责任感和积极生活、乐观助人的优良意识。这不仅是我们的服务理念，更应该成为我们生活的准则。只有这样，我们才能从容地绽放出发自内心的微笑。

窗口服务的工作让我每天面对很多客户，我的一言一行不光代表着个人的修养，更代表着本行的形象。由于工作中充满着偶然性和变化性，网点规范服务的管理是没有止境的，所以我们需要学习的东西还有很多很多。对于建行，我只是一名普通的员工，但是对于客户，我就是建行，更确切地说我就是建行××支行。我们要真正做到爱行如家，积极地维护集体荣誉，并在工作中常常提醒自己：善待别人，就是善待自己。

## 案例86

### 理财经理是这样提高转介销售成功率的

安茜是一名在邮政卖保险的理财经理，她认为转介销售工作非常重要，客户建档、柜员识别、岗位联动合作、与客户深入沟通，一样也不能少！

有人说安茜天生就很会聊天，这个不假，她同样也很细心、很专注。平时只要有空，她都会在贵宾室与客户聊天，通过聊天发现潜在目标客户。当获取客户的有价值信息时，她会亲自记录，或者提醒柜员把资料记好，完善客户档案，给客户贴上不同的"标签"，有针对性地选择客户维护方式。

和许多营销人员一样，安茜刚入局时，从事的是邮务类工作，做过营业员,打过杂。2010年12月,刚生育完不久的安茜担任理财经理时,甚至不知道保险是什么。但她深知通往成功的路其实就一条:学习,学习,不停地学习。有这么一段时间,安茜的脑海里不断地重复这些问题:客户入贵宾室应怎样接待?如何转入销售话题,其他人应该如何配合?客户可能会怎样回答,我们又应该如何应对?等等。她成功喜悦的背后,付出的艰辛却不为人知。

安茜会经常在晨、夕会上讲述自己维护、激发客户需求的经验,无私分享给每位伙伴;经常利用走访商户的机会,带领柜员一起完成"客户拒绝—逐渐熟悉—建立信任—成功开发客户"整个过程,通过共同参与、全程体验的方式,将"养在闺中无人识"的柜员打造成为营销能手。

在日常的工作中,安茜所在的团队总是配合默契,柜员乐于转介,客户往来络绎不绝,营业厅内外洋溢着笑迎客户的轻松氛围。八小时以外,团队成员也经常聚会,互打互闹。新装修的营业所里,闪亮的不仅仅是灯光和业绩,更是营销团队热烈的氛围,在这种氛围里,轻松的转介、熟练的话术、简单的促成,一切都发生得那么自然。

安茜十分注重对客户要用"三心",即用平常心正视客户,用温暖心关怀客户,用感恩心善待客户。正是有了这"三心",安茜的朋友越来越多,业务越做越好。

## 案例87

### 客户经理成功挖转他行客户的营销案例

客户周女士到某支行分理处办理业务,在等待过程中,周女士向客户经理咨询理财方面的信息,并称有部分闲置资金在他行购买货币基金,收益不理想,希望客户经理帮忙打理。

客户经理了解情况后,向客户介绍了本行的部分理财产品信息,并留存了客户的联系方式。客户经理随后向网点主任做了汇报，网点主任得知情况后马上积极跟进，主动打电话联系客户，得知客户以前常年在外地做生意，没有多余的精力理财，现在因病回家长期疗养，希望得到专业人士的帮助，制定理财方案，选择收益较高、相对安全的产品。在了解客户理财需求之后，网点主任向客户详细介绍了本行私人银行一对一服务及私人银行产品信息，并邀请客户到网点做进一步沟通，客户欣然同意。随后，网点主任与市行财富顾问联系，介绍了客户的情况及业务需求，请市行财富顾问到网点对客户进行专属服务。

客户应约再次来到网点后，网点主任及市行财富顾问与客户进行了沟通，根据客户的资金情况做了详细的理财规划，使客户对本行的服务及产品有了全新的认识和了解，并马上办理了商友卡及电子银行服务，同时承诺先签约进行产品体验，如满意可开展进一步业务合作。随后，客户经理通过对客户不间断地后续跟进及维护，使客户不断加深对本行服务及产品的满意度，陆续从他行转入资金，成为支行忠诚的私人银行客户。

在这个案例中，客户经理要有足够的营销意识，把握住机遇，在发现目标客户后，能够及时地跟进，做好后续维护工作，并在看似不能达成目标的情况下，不怠慢客户，而是重视起来，及时向主管领导汇报，并协调有关部门做到灵活机动应对客户的理财需求，耐心、细致地为客户解答问题，在最短的时间内满足客户要求，并持续做好后期维护工作，利用支行的优质产品持续跟进营销，成功挖掘潜在客户。

能人经济下的企业营销既是老板的营销，也是全体员工的营销。只有充分动员员工，才能进行营销。

## 第30计　领导营销

领导营销,即利用领导广泛的人脉与身份地位,做好上层关系营销。通常来讲,企业总经理领导营销工作。随着企业从创业到发展的各个不同阶段,总经理的"领导营销"也大致会经历主抓业务、建立系统、整合营销三个阶段。当然,由于企业的客户类型不同,对领导营销的要求也有不同侧重。

### 案例88

#### 工商银行某分行领导带头营销促进业务冲刺

2014年9月的一天,工行某分行行长郑强率市分行办公室、下属支行负责人等组成的营销小组开展存贷款业务营销,带头践行市分行领导驻支行营销督导责任制。

郑强行长一行第一站到了某物流园区管委会,受到管委会陈书记的热情接待。双方共同回顾了园区发展的银企合作历程,就园区内企业融资、园区融资平台发债资金项目的合作、园区银行网点的建设等关系园区今后发展的金融服务进行了磋商,并就近期园区存款资金存放达成了一致意见。

随后,营销小组又到了××物流公司,听取了该公司主要负责人关于项目建设情况的汇报,双方就物流储运未来走向进行了深入沟通和良好展望,并就季末项目建设资金管理进行了磋商。该公司主要负责人同意季末将项目建设资金转存该行管理,建立银企合作诚信基础。

走访了××物流公司之后,郑强又带领大家马不停蹄地来到了一个下属支行不良贷款户——×××有限公司,就不良贷款清收转化工作与该项目政府驻企业维稳办主任和企业负责人进行了沟通。郑强向驻企业维稳办主任和企业负责人解读了该行的信贷政策、不良贷款清收处置政策和方式、信贷黑名单等,要求企业高度重视和支持银行对不良贷款的清收转化,积极筹措资金归还我行的贷款,并请政府从建设金融安全区、保护银行债权安全完整的角度理解和支持银行对不良贷款的清收转化的努力,共渡难关,力争三季度能取得明显效果。同时,要求企业和政府尽快进行相关摸底,出台相关政策,为引进战略投资者扫除障碍,并提供优惠的吸引政策,使企业尽快走出困境。

来到××集团公司时,已是下午6时30分。大家一到公司,就受到公司董事长和财务负责人的热情接待,双方就各家银行竞争激烈的该公司燃气项目的信贷营销进行了充分的沟通,就季末企业存款资金存放达成了共识。郑强要求相关下属支行积极主动地跟进服务,帮助企业完善各类审批信贷手续,做好各项前期准备工作,积极与上级银行沟通汇报,力争该项目贷款早到位,加快企业项目建设进程,实现银企双赢。

结束走访时,已经是晚上8点多钟了。虽然下着蒙蒙细雨,气温骤然下降,但一天的收获还是让随行人员心情激动。这件事让该分行的员工们相信:在银行领导身先士卒的带领下,只要大家共同努力,众志成城,我们一定有能力、有信心全面完成三季度各项目标任务。

案例 89

## 某支行行长抓住机遇抢市场,强化营销争份额

刘英自 2010 年担任支行行长以来,在支行党委的正确领导下,带领员工求实苦干,奋力拼搏。支行各项工作取得了重大突破,连续两年被支行评为先进集体、先进党支部;刘英个人被省分行授予"巾帼建功英雄"称号,连年被支行评为劳动模范。

第一,强措施,抓特色,增亮点,加快负债业务快速发展。支行 2010 年初全口径存款 1.4 亿元,对公存款不足 5000 元贷款余额近 8 亿元,存贷结构极不合格,高额利润被巨大的借差资金利息所吞食,因此,发展负债业务成为支行工作的重中之重。通过与客户经理一起对客户资源进行充分讨论分析,刘英制定出"抓重点,攻难点,找增长点"的营销思路,明确工作主攻方向。

第二,强化存量资产管理,提高经营效益。为积极响应省分行最大限度地增加经济增加值的号召,在不增加贷款投放的情况下,向存量客户要效益,改善贷款的质量。

第三,兼顾其他产品的营销,业务向多元化方向发展。在抓存款、贷款主营业务的同时,也加大了对其他业务的营销力度。一是狠抓中间业务收入,一年实现中间业务收入 48.86 万元。在不放松对传统的委贷手续费收入的同时,积极拓展新的中间业务领域。新开辟了财务顾问业务,增加了中间业务收入。同时,与太平洋人寿保险公司武汉分公司签订了代收代付自动转账协议,收取中间业务费用。二是抓金融产品营销,结合支行客户的特点,将营销重点放在网上银行等电子业务上,半年实现网银交易额 2.25 亿元。三是抓个人信贷业务。经过半个多月的营销工作,分理处与某房屋开发建筑有限责任公司签订了房屋按揭协议,为新开发的综合大楼办理个人房屋贷款业务。

第四,加强内部管理,提高抗风险能力。一是根据支行的整体部

署，开展违法违规专项治理活动，通过采取学查结合、以案释法、自查自纠、边整边改等多种形式，组织员工学习相关的规章制度，同时对照检查，使案件风险得到了有效防范。支行的前台规范管理得到了支行管理部门的高度评价。二是加强党组织建设，支行支部积极开展党风廉政建设，开展保持共产党员先进性教育活动，不仅使党员起到了模范带头作用，充当业务的中坚力量，而且激发了青年同志加入中国共产党的愿望。三是加大员工培训力度，提高员工的综合业务素质。支行全年组织员工参加支行举办的电子银行业务、新会计制度、国际业务、房贷业务、委贷业务、风险管理、信用等级评定等各种业务的培训，共计达到30余人次。支行还利用业务时间组织员工学习业务知识，使员工的业务理论水平和操作技能都有了较大幅度的提高。

两年来，支行在刘英行长的带领下，积极向上，奋力拼搏，经过不懈努力，资金实力和盈利能力得到了大跨步发展。在新的一年里，刘英决心将继续带领员工积极跟进市场，不断开拓创新，迎接新的挑战，再创佳绩。

## 案例 90

### 中国银行开展网点支行行长对公营销策略培训

公司金融转型是中行实施网点综合化运营、提升基层网点效能的重要举措，自总行提出这个战略发展规划以来，各省分行都在大力推动对公转型。基层网点作为银行的自营渠道，是转型的落脚点也是关键点，因此对基层网点负责人的培养就显得尤为重要。中国银行股份有限公司某分行充分意识到提升基层网点支行行长及对公营销骨干的对公营销能力的重要性，特别是在对公策略规划上，于2015年特委托培训公司展开了"网点支行长对公策略营销能力提升"培训班。

"网点支行长对公营销策略培训班"主要从网点对公业务的经营策

略、商圈型客户的经营策略、链条型客户的经营策略,以及最后的互动问答环节这四部分进行分享。培训老师认为,对公营销重在营销前的策略规划,就是走一步、看两步、想三步,并通过华为代发薪资、建行1000万元18个月长期存款、民生行3亿元3个月的短期存款、某国土局的土地拍卖款等行内外的经典案例,告诉在场的网点经营精英们,对公营销不仅是要关系好,更要有策略,在与客户的沟通交流中,要注重观察客户的"微感觉"。在综合比分不强的背景下,可以尝试去引导客户的选择标准。

在商圈及链条型客户的经营策略上,老师和学员一起分析了这家分行的实际情况,了解到当地的特色区域经济比较成熟,认为中行不能像其他股份制银行那样采取人海战术,而是将关系做在营销之前,然后通过产品渗透来加大客户黏性。在支行行长反映的营销经费不足的实际情况下,老师用在南通中行辅导的案例告诉大家,送礼给客户其实不在乎礼品的大小,关键在于送礼的细节,同时还可以用借力的方式来进行资源整合。

在培训过程中,学员普遍反映,老师的"走一步、看两步、想三步""跳出产品卖产品""微感觉""自省"等观念,都给困惑中的对公营销找到了突破口。老师这种实战的分享方式受到了学员的一致好评。同时,在服务组织上,学员们也表示了很高的认可,非常感谢中行人力资源部老师对此次培训班的精心安排。

总的来说,整个课程轻松且实用,学员一致认为培训课程让人受益匪浅,对今后的工作和生活都有较大帮助。

策略点评

营销领导力是领导力的一种,但是更加关注营销系统的情况,除了对人的情况判断,还要注重提高培训人员的领导能力。

## 第 31 计 关系营销

关系营销，就是营销关系，它不是一种模式，而是一种思维。关系营销就是把营销活动看成是企业与消费者、供应商、分销商、竞争者、政府机构及其他公众发生互动作用的过程，其核心是建立和发展与这些公众的良好关系。关系营销的实质是在市场营销中与各关系方建立长期稳定的相互依存的营销关系，以求彼此协调发展。

### 案例 91

**商业银行关系营销的原则和方法**

随着我国金融体制改革的深化和金融对外开放的扩大，我国的金融市场不断发展，再加上优质老客户的流失，商业银行必须摆脱过去陈旧的观念，摒弃高息揽存、压低费率等不正当的竞争手段，引入新的市场营销理念，将关系营销作为增强竞争力的重要渠道。

事实上，越来越多的金融企业认为，关系营销是他们能够立足于市场的同时保持竞争优势的出路，并将关系营销作为其营销方式的主要手段。花旗银行在产品创新和保持竞争优势时，更注重与客户关系的维护与管理。花旗在全球市场上将自己的服务标准与当地的文化相结合，既注重了品牌形象的统一，又融入了当地的语言风情。花旗正是运用良好的关系营销使其成为全球银行业的典范。南京爱立信公司在交通银行不能满足其"无追索权的应收账款转让"业务需求后，转而与汇丰银行展开全面合作，并实现了贷款目标。浦发银行杭州分行优质老客户庆丰印染在归还所有贷款后，转投到上海的一家外资银行。

银行关系营销的实质是在营销中与各关系方建立长期稳定的相互依存的营销关系，以求彼此协调发展，因而必须遵循以下原则：一是主动沟通。银行应主动与其他关系方接触和联系，相互沟通信息，了解情况，形成制度或以合同形式定期或不定期地碰头，相互交流各关系方需求变化情况，主动为关系方服务或为关系方解决困难和问题，增强伙伴合作关系。二是承诺信任。银行应做出一系列书面或口头承诺，并以自己的行为履行诺言，才能赢得关系方的信任。三是互惠互利。在与关系方交往过程中，银行必须做到相互满足关系方的经济利益，并通过在公平、公正、公开的条件下进行成熟、高质量的金融服务产品的交换，使关系方都能得到实惠。

银行关系营销的具体方法如下：一是寻找关系网。在目前产品同质化和渠道透明化的行业背景下，单纯依靠产品的合作已经很难快速实现营销了，因此，除产品外，还要学会造势、借势，要在企业定点开发的特定渠道、区域或市场，积极寻找可以与合作方直接对接的关系网。二是善用关系力。通过相关公关或利益转移，不断加强相关人员与公司的认可程度，从而保证在合作的时候，可以利用这些关键人物的力量，顺利地完成合作相关环节，保证合作的长久稳定。三是打造关系圈。在合作开始后，银行还需要摸清与营销相关的各个环节的相关人员的情况，并对与营销息息相关的负责人、主管单位的相关情况进行整理，通过各种有效情况与这些人进行对接，逐步营造企业在当地的关系圈，保证营销。四是维护关系情。银行在某一渠道、某一片区建立起自己的关系网络后，总行、支行、网点的业务人员要联合起来将这些关系网络维护好。

## 案例 92

### 交通银行建立双向选择的新型银企关系

作为中国首家全国性股份制商业银行,交通银行在中国金融业的改革发展中积极建立双向选择的新型银企关系,为中国股份制商业银行的发展开辟了道路,对金融改革起到了催化、推动和示范作用。

交通银行支持企业"走出去"。2015 年上半年,该行通过保票通、出口风参、进口代付、融资性保函等产品累计为湖北企业引入海外低成本资金超过 10 亿美元。为了支持企业"走出去",交通银行采取很多措施:一是大力支持建筑龙头企业、境外承包工程类企业境内外结算、投融资需求;二是充分利用交行综合化平台优势,贴合企业需求设计服务方案,以国际业务搭平台、以联动业务架桥梁,助力本地高科技及食品加工特色龙头企业赴海外上市,融入国际市场;三是充分利用交行国际化平台优势,有效运用创新产品,帮助企业降低融资成本。

交通银行上海市分行高度重视对上海科技创新及相关科技创新企业发展的服务和支持,围绕加快转变发展方式、优化经济结构、推进科技金融改革创新等内容开展了一系列工作。如为扶持中小企业在科技创新的发展道路上不断成长,先后与张江高科技园区、闵行紫竹园区、宝山机器人产业区、漕河泾科技创业中心、上海市大学生科技创业基金会等园区、平台开展了紧密的合作,为科技型企业和创业者提供了较为全面的金融服务。截至 2015 年,已陆续为包括宝山机器人产业区、杨浦科技创业中心在内的多家创新科技园区内的科技型企业提供了近 20 亿元的信贷资金支持。

自 2016 年以来,交通银行湖南省分行以产业链核心企业客户为拓展小微客户的新路径,坚持项目制展业模式方向,积极创新小微产品,拓展小微业务平台,全力支持小微企业发展。2016 年上半年,该行小微企业贷款余额较年初增长近40%。一方面，该行重点拓展核心企业供应链商票保贴业务，利用商票保贴业务单边授信特点，依托核心企业信用，实现批量拓展核心企业上游供应商。2016年上半年，通过"一户一策"形式，交通银行湖南省分行累计开展了60场供应链融资业务宣讲，拜访了超过50家核心企业客户。目前，全省近50家核心企业加入供应链网络，200余家小微企业客户享受低费率的商票保贴或快捷保理融资服务，有效降低了融资成本。另一方面，以项目制展业模式为引导，提升项目制对小微业务集约化拓展、集群性风险防控的支撑作用，充分发挥项目制在目标客群创新、业务模式创新、信贷政策与风控措施的创新、系统功能的完善等方面的作用。2016年上半年，该行累计发展小微项目近50个。同时，积极创新小微企业金融产品，抓好税融通、POS贷、政府采购速贷通等产品的推广，提升小微产品品牌影响力。截至6月底，该行POS贷授信客户较年初增幅超过20%。

交通银行始终坚持继承与创新并重，以诚信立行，以服务取胜，对金融产品、金融工具和金融制度领域不断开拓，锐意进取，形成了产品覆盖全面、科技手段先进的业务体系，通过传统网点"一对一"服务和全方位的现代化电子服务渠道相结合，为客户在公司金融、私人金融、国际金融和中间业务等领域提供全面周到的专业化服务。

## 案例93

### 农商银行山西某支行的关系营销

农商银行山西某支行为了打造特色社区银行，努力加强社区客户的关系营销。老人、妇女、儿童是三类特殊的客户群体，平日里他们很难得到银行的高端服务，此时却首先进入这家支行的视野。老年人的温馨家园、女性客户的精神港湾、孩子们的金融乐园——三家定位清晰、服务鲜明的特色社区银行相继成立。

　　一是专属服务，直达内心的情感共鸣。该支行认为，社区银行的服务，必须有很强的情感特色。顾客购买金融商品，看重的不是商品本身，而是一种情感上的满足、心理上的认同。基于这样的理念，老年社区银行为老人们提供了五项专属服务：专属服务窗口、专属老年报纸、专属爱心座椅、专属理财产品、专属休闲区。这种用爱、用心、用情的经营理念，使该行的服务更具主动性，更加人性化。在打造女性特色社区银行时，把"情感营销"理念运用到了极致。女性客户可以品花茶、聊美妆、学理财，充分满足当代女性追求自我的需求。"厨艺大赛"传递家的味道、倡导爱的温馨；"优雅女人，艺术插花"让她们悠然自得、自娱自乐，置身于花的世界、艺术的海洋；"健康女人节，韵动最美丽""瑜伽讲座"让她们更加注重形体与内在美的结合，找回自信、找回青春；"高端女性客户文化沙龙"让她们汲取知识营养，充实精神世界……对于如何给儿童提供特色鲜明的服务，该行也有着独特的认知。他们研究社区儿童的生活习惯，以社区银行为载体，渗透进孩子们学习生活的方方面面，以精神文化层面的服务来打造儿童主题特色网点。快乐游戏区有大型儿童玩具和适合儿童翻阅的画册，还有专职人员陪护孩子，让家长安心办理业务；快乐如家区设置儿童专柜，优先办理红领巾业务，在大厅摆放糖果、水果、饮料等，孩子们可以免费品尝，感受到"家"一般的温暖；快乐学习区打造了儿童游乐、学习园地，摆放了课桌、文具用品，还有积木玩具、儿童游乐设施，开办了红领巾学习班，小朋友们可以在玩中学、学中乐；快乐活动区设置了儿童活动室，满墙的壁画和醒目的励志标语为孩子们营造了一个奇妙的童话乐园，漂亮的儿童漫画墙、可爱的沙发摆设为举办特色活动提供了便利；快乐阅读区设立了儿童图书专区，孩子们在这里可以畅游书海、随时借阅，体会读书的乐趣，等等。

　　二是特色活动，"多向沟通"提升客户忠诚度。社区银行的客户群体有典型的封闭性，顾客之间通常会产生一种关联性。在打造社区银行时，该行注重沟通形式的多样化，以"一对多"沟通为主，如组织各类生活知识大讲堂、参与社区活动、中老年活动等形式，沟通更注重群体效应，引导客户群体间的相互影响和相互渗透，实现客户与网点的黏合度提升。对于规模群体的营销，该行通过推出各类活动、创造惊喜等形式适应客户需求，将特色活动常态化，如地主争霸赛、特色节日送祝福、金融知识进社区、狂欢7+1，惊喜每一天……实现与社区居民客户持续性的有效互动。

三是凝聚智慧，打造社区银行精英团队。一份出色的计划、一个新奇的点子需要执行力；一个制度的推行、一个团队的建设需要凝聚力。这一切的实现都离不开员工们的合力。打造一支专业化、高素质的社区银行团队，成为农商银行追求的目标。"等"客上门是万万行不通的。于是，一张"零售外拓人员战略示意图"被制定出来。在支行的服务半径内，社区、村庄、单位、学校均有特定人员去宣传联络，即外拓专员。他们会根据点对点的交流调整宣传方案、开展片区排查、洽谈商户及后期维护工作，员工的社交、营销、组织能力都有了全方位的提升。

在日益激烈的市场竞争环境下，社区银行的发展需要有全新的战略思维，内外兼修，构建与高端客户服务营销截然不同的模式。农商银行山西某支行积极探索服务新模式、新手段、新渠道，把社区银行真正打造成为"服务创新"的一个窗口、"普惠金融"的一颗种子和"人文情怀"的一个缩影。他们用爱的思维对待居民客户，用有形体验教育客户，用"多向沟通"提升客户参与感，时刻注意推陈出新，完善各类服务，加强品牌营销，塑造良好的形象，以实现与社区居民客户共同成长的长远发展目标。

**策略点评**

关系营销是创造买卖双方相互长期依存关系的方法和艺术,其重点不在于制造购买,而在于建立各种关系,构造一个营销网络,企业、供应商、分销商和顾客共同构成网络成员,各网络成员彼此建立牢固和互相依赖的商业关系。

# 第32计 情感营销

情感营销就是以客户内在的情感为诉求,通过激发和满足客户的情感体验来实现营销目标的策略方法。正面情感能促进产品的销售、提升客户满意度,从而带来良好的口碑效应,有利于培养客户的忠诚度和树立企业形象;而负面情感,即使是在某一个细小环节所形成的负面情感,也有可能使客户对企业、对产品的满意度大打折扣,破坏企业形象,从而造成现有客户和潜在顾客的流失。

## 案例94

### 某股份制商业银行的情感营销模式

2013年下半年的《爸爸去哪儿》节目独辟蹊径,以情感营销傲视电视圈。无独有偶,2013年银行业也刮起了一股"妈妈去哪儿"的情感营销旋风,让各大银行开始聚焦家庭中的女性这一客户群体。"妈妈去哪儿"情感营销模式的创造者是国内某股份制商业银行。

这家银行自2013年下半年开始举办以亲子理财为主题的大型客户营销活动,活动范围遍及全国40个大中城市,数十万名客户通过直接或间接的方式参与其中。该活动负责人在谈到活动的初衷时说,在2012年他们开展了针对都市女性的深度调查。在调查中发现,女性客户普遍关注亲子教育,但是局限于传统的德育和智育领域,对于孩子的财商培育尚处在摸索阶段。对此,银行希望能够用自己在财富管理上的专业知识帮助这些有需求的客户,并通过活动给家长和孩子创造一段别样的共同记忆。

对于这家银行的情感营销,许多客户表示认可和期待。"这种营销模式让我们重新认识银行,现在银行不再是冷冰冰的柜台和毫无情感的钞票的代表,而是你身边的一个老朋友,在你需要的时候给予你关怀和帮助,这样的感觉很好。"某客户说道。

业内专家指出,银行业本质是服务业,而银行服务在本质上是与客户心灵对话的过程,其魅力体现在银行与客户之间的利益共识和情感交融上。银行业掀起的"情感营销"浪潮,是银行从"以效益为中心"到"以客户为中心",坚持"因客户而变"的重要体现。通过情感营销,商业银行可以有针对性地向顾客传递理念性和情感性的产品形象,通过沟通、提示等手段,来说服刺激顾客的购买欲,密切与客户的情感交流,使客户对银行产生一种无形的寄托和信任感。

## 案例 95

### 建设银行通过 My Love 信用卡打"情感牌"

随着外资银行不断地进入中国金融市场,国内各商业银行纷纷加大竞争力度,信用卡业务的市场竞争已经从客户数量的竞争转变为客户质量的竞争。谁赢得了更多的优质信用卡客户,谁就赢得了信用卡市场的主动权。建设银行根据信用卡市场的运作特点,全面掌握客户信息,潜心研究客户需求,从中真正发现客户的内在规律,然后针对客户的个性化需求进行差别化营销。

2009年10月1日,建设银行信用卡中心主办了"2009 My Love 宝宝秀"活动,主要面向年轻时尚人群,以"我的最爱,我的卡"为主题,客户可自行选择最值得纪念、最值得展示的形象和场景作为信用卡卡面，并通过互联网等渠道自行编辑设计信用卡卡面，充分展现自我个性。这种拒绝克隆，寻找个性卖点，用情感营销网住忠实客户的尝试，并非只是企业营销战略的需求，同时也传达着企业背后的品牌内涵。

25岁到40岁年龄段的人是社会主要的消费阶层，也是信用卡的主要用户群体。很多父母都会把孩子照片放在自己的钱包里，那么信用卡的卡面就可以替换成宝宝照片，成为宝宝父母的随身物品。为了让更多年轻父母能体验这份欢乐，为了让用户充分表达自己的最爱，展现自己的最爱，分享自己的最爱，建设银行另辟蹊径，精心研发了建设银行My Love信用卡，用户选择自己喜欢的画面作为卡面，可以自行编辑设计。该个性化卡面设计实现了两项突破：一是自主上传、编辑个人所属照片或从网站图片库中选择图片，即时在网上进行自主设计，最终卡面效果即时显示，所见即所得，人性化程度高；二是卡面的分辨率高达600dpi，画面清晰、细腻自然，拥有目前世界上最先进的卡面制作技术，为持卡人完美展现幸福瞬间提供了强大的技术支持。

2010年9月1日至12月31日，建设银行My love信用卡"2010My Love宠物秀"网络大赛闪亮登场。大赛通过网络平台广泛征集以宠物相关照片为信用卡卡面的设计方案，寻找有才华、有故事的宠物和有责任、有爱心的养宠主人，让可爱宠物给更多的人带来欢乐、慰藉和帮助，广泛颂扬社会爱心。

2011年5月1日至9月30日，建设银行举办"2011 My Love信用卡魅力秀"大赛，大赛由建设银行、中国银联主办，世纪佳缘网、宝宝树网、《聪明宝宝》杂志、宠物中国网、《宠物派》杂志、《宠物世界》杂志协办，以"秀出你的最爱"为主题，通过银联标准My Love信用卡展示俊俏靓丽、阳光活力、甜蜜爱情、成熟睿智的人生魅力。这是建设银行继成功举办"2009 My Love信用卡宝宝秀大赛"和"2010 My Love信用卡宠物秀大赛"后，第三年发起的My Love信用卡系列活动。

与往年的单一主题比赛不同，这次的魅力秀大赛是一场系列活动，比赛按魅力秀、宝宝秀、宠物秀三个系列同时展开，参赛者可选择自己喜欢的照片，将家人、爱人、朋友、宝宝、宠物的照片制作成信用卡卡面来参加比赛，满足了各类参赛者不同的参赛需求。大赛吸引了 20 万人参与，709 万网友直接关注，还有更多充满幸福感、充满爱心的人士通过论坛发帖、发微博等形式参与其中。本次大赛共产生了 300 名月度冠军、30 名年度冠军。年度冠军每人将获得"2012 年希腊爱琴海浪漫之旅"，享受玩转欧洲的 My Love 之旅。

"我们相识于 2002 年，相恋于 2005 年，2011 年正式登记结婚。曾经的浪漫现在想来却那么平淡。经过时间的洗涤，沉淀的是纯洁，如同这张 My Love 信用卡将见证我们幸福的婚姻，一辈子……"获得这次"年度魅力情侣奖"的一位客户在自己的卡面故事里如此写道。

针对建设银行的这一做法，有关营销人士分析认为，这是基于对都市人群的生活形态的挖掘，打起了"情感"牌。此举既是一种"情感营销"，也是细分市场的"精准营销"。

## 案例 96

### 农业银行走心营销，示范品牌年轻化新思路

中秋历来是品牌营销大显身手的好时机。2016 年中秋节，农业银行主打悬念营销，以一个 65 岁年轻人的"陪伴"向消费者告白，成功地吸引朋友圈年轻群体的关注，为银行品牌年轻化营销做了一次经典示范。

农业银行选择在中秋这一传统佳节，在微信朋友圈推出其 65 周年营销的第一支 H5 广告——《耕耘路，不停步》作为悬念营销的爆点。这支 H5 以春分、夏至、秋分、冬至农时的变化为序，展示了农行 65 年来风雨兼程，与用户陪伴无间。整支 H5 画风清新，形象生动。"相识不

如久伴""耕耘路，不停步"等走心文案更是展现了一个进取向上的年轻银行品牌形象。H5中嵌入了一支长达7分钟的TVC，可以看到全国数十万农行人对工作的一丝不苟，对客户服务细致周到，体现出一个国有大银行年轻朝气、积极向上的风貌，也让消费者看到了银行从业者在柜台背后辛勤付出的努力，令人深刻感知"陪伴，是最长情的告白"这句话的含义。

没有互动的营销是不完整的，同样，没有结合产品业务的营销也是不完整的。农业银行在成功撩起网友的好感后，业务的普及成为传播的重点。因此，农业银行继第一支H5广告发布之后，又顺势抛出了一个悬念——银行背后的秘密。你知道20世纪50年代，银行是怎么押运存款的吗？你能想象30年前，没有计算机的年代，银行是怎么统计存单的吗？这些都在《银行背后的秘密》中一一揭秘。从老旧的邮包和简朴的算盘，到互联网金融，H5充分呈现了农行在多元化金融的环境中，以活力和朝气不断发展创新金融业务，持续引领市场的国际化品牌形象。这支H5游戏通过摇一摇、点击杀等四个打怪方式，展现银行四项业务。游戏中引入《超级玛丽》的经典元素，激发网友的PK意识，引发二次传播。玩游戏的过程可以潜移默化地加深客户对农行业务的印象，互动让农行更贴近年轻消费者，让品牌更具年轻活力。这四项业务锁定年轻人聚集地，引爆朋友圈，以温情让"90后"脑洞大开的H5来吸引年轻人的好感。据不完全统计，截稿时，四项业务总点击率已取得了"100万+"的好成绩。

走心不是片面煽情，走心更不是拒绝轻松幽默，而是对消费者"品牌气质体验"的深度挖掘。对于农业银行来说，65年是一个新的启程，承载着新的希望和梦想。金秋9月，这个65岁的年轻人用"走心"的营销诠释了品牌年轻化的新思路。

**策略点评**

情感营销的核心是站在客户的立场上考虑问题,密切关注客户的需求,向客户提供他们真正满意的产品和服务。

## 第 33 计　微信营销

微信营销是网络经济时代企业或个人营销模式的一种，主要采取"意见领袖型""病毒式""视频、图片"等营销策略。微信不存在距离的限制，用户注册微信后，可与周围同样注册的"朋友"形成一种联系，订阅自己所需要的信息。商家通过提供用户需要的信息推广自己的产品，从而实现点对点的营销。

**案例 97**

### 招商银行推出微信公众平台

2013 年 3 月 28 日，招行信用卡的微信服务"招商银行信用卡中心"正式上线，它采取全国集中化运作，是国内首家真正意义上完全按照国际标准独立运作的信用卡中心，真正实现了信用卡的一体化、专业化服务。这个微信公众账号的最大特点是和招行信用卡的每个持卡人的信息一对一绑定。招行微信账号几乎取代了 90% 的招行常规客服功能，大大缓解了招行每年平均增长 50% 的客服压力。据了解，目前招商银行微信公众账号的自助查询回复率已经高达 98%。

在招行微信公共号下方有好几栏自定义菜单，用户在微信中点击后可以查看自己的账单、积分、额度，设置还款等。另外，招行微信账号还开始取代短信提醒功能。用户每一次刷卡后都会收到微信推送提醒，而短信只会给单次刷卡 100 元以上的交易发送提醒。相比起短信，微信推送的信息内容更加丰富，图文并茂，且字数不限。

为推广微信公共账号，招行信用卡在自己的官方网站上放置了微信广告，并且在持卡人的账单邮件、消费邮件等地方附带推广其账号。短短两个月过去后，其微信粉丝数量已经超过了 100 万。这和信用卡总持卡人 2000 万人的数量相比（60%是微信用户），还有巨大的增长空间。

实际上，招行希望在微信上实现的功能远远不只信息查询那么简单。据互联网公开报道透露，目前招行信用卡正在尝试做两个和微信特色紧密结合的服务。第一项是语音服务，以后用户只需要对着招行信用卡的官方微信说一段语音，系统就会自动将语音翻译成文本进行识别，然后对应给用户提供积分查询等服务。第二项是 LBS（基于地理位置的服务）功能。今后用户在招行信用卡的微信账号中把自己的地理位置发过去，就可以显示附近的招行信用卡特惠商户的信息。

微信平台的出现对于整个呼叫行业来说是一次革命性的改变，招商银行在微信上的创新与尝试具有把整个呼叫行业从劳动密集型引向知识密集型的重大意义。而通过与微信等新兴互联网技术的合作，在这一过程中，银行自身也能进一步提高服务质量。

### 案例 98

## 民生微信银行的多种营销模式

民生微信银行是通过腾讯微信企业公共账号为微信用户打造的专属移动金融和移动生活服务平台，既具有账户查询、理财超市、贷款、信用卡额度与账单查询、信用卡分期、信用卡还款、预约办卡和申请进度查询等丰富的移动金融功能，又创新推出了网点预约、精彩优惠、特惠商户等便民实惠服务，指尖微微一动，贴心移动金融和移动生活随时畅享。

　　2014年，民生微信银行做了许多活动，共围绕活动发表了235篇原创文章，有240多个意见领袖的分享，活动的传播达到了3000多万次，覆盖的人群达到了1.69亿人次。其典型营销案例：一是借势营销。2014年初，民生银行借韩剧《来自星星的你》的火热势头，做了一个寻找你的教授的营销活动。二是跨界营销。世界杯期间，民生银行联手苏宁满座网做了一个O2O的跨界营销。三是产品营销。2014年8月，民生银行借助微信这个新媒介，通过活动来促进大事件传播，民生手机银行用户突破1000万户；四是整合营销，包括资源整合、异业合作和跨界营销三个方面。在新媒体营销方面，民生微信银行注重趣味原则、利益原则、互动原则及个性原则，当然也考虑投入产出比，投资回报。

　　这里有必要介绍一下民生银行粤通卡营销。粤通卡是中国民生银行深圳分行与广东联合电子服务股份有限公司联合发行的银行联名卡，分为记账卡和储值卡两种。记账卡以"先消费，后结算"的方式，为大公司量身定做；储值卡是安全可靠的电子钱包，申请简便。粤通卡的优点是时尚、快捷、方便、环保。民生银行就粤通卡业务遍布网点多，能充分解决司机痛点的优势，提出三大营销思路：第一，以动画的形式展现民生银行粤通卡的优势，加以简约直白的设计思路，突出粤通卡产品特点；第二，以粤通卡集团办理、快速办理的噱头来吸引用户查看，避免用户对广告的抵触心理；第三，运用用户报名收集系统，在收集用户资料的基础上，运用大数据，以民生粤通卡办理网点为中心，自动生成团办区域指引，为申请用户提供更为便捷的办理方式。

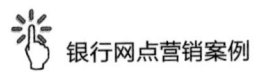

## 案例99

### 中国人保财险通过微信营销卖保险

随着移动互联网时代的到来,未来十年,全球的保险业务有31%的商业险和37%的个人险都将通过移动互联网来实现。当前,保险市场的竞争已经渐趋白热化,以网销、电销为代表的复合渠道建设已经成为保险企业的战略发展方向,微信等移动营销模式也日渐兴起。中国人保财险对其微信公众号"人保财险网络直销"进行了全面升级,实现了投保人通过微信即可享受投保、续保、理赔、查询等"微信投保"服务。

人保财险微信保险全流程功能上线,支持车险、旅游险微信全流程投保及支付,人保车险老客户点击一键就能续保,并且支持理赔详情及进度查询、支持保单验真及查询。此次人保财险在微信投保接入的是快钱公司的信用卡无卡支付产品,该产品覆盖国内所有主流信用卡,客户只需要输入卡号、有效期、CVV2等信息即可完成支付。

新渠道对保费收入的贡献有目共睹。利用微信开通保险服务的并不只是人保财险一家,但他们多以咨询和产品宣传为主。部分公司在微信平台试水推出理赔服务,客户可直接通过微信联系公司进行理赔。如使用度最广的车险,通常只需要拍摄现场照片然后上传,再输入相应资料,就可以完成所有程序,然后坐等赔款。保险工作人员会根据客户提供的照片对车辆进行定损,并根据警方定损结果进行赔付。有体验者表示:"传统理赔报案后需要走好几天的理赔程序,微信只需要十多分钟就可以完成所有程序,还免去奔波之苦,办事效率明显提高。"

保险企业向来重视销售渠道创新,自然不会放过微信这个潜在的蓝海市场。利用微信开启营销业务,对中国人保财险的渠道贡献将持续提升。

银行作为专业的金融机构,开展微信营销必须要符合自身的企业形象,要提供对用户有用的服务,而不要试图通过某些娱乐资讯增加用户黏性。微信平台发布的内容以银行活动、用卡心得、异业合作活动为主,信息要求都是银行官方身份发布,以银行的用户形象增加使用者的信赖度。不要发布粗制滥造的内容,也不要转发无用的信息,不能因为追求阅读或者销售转化而拉低自身形象。

# 第34计 短信营销

短信营销，是以发送普通手机短信的方式来达到营销目的的营销手段。随着经济的不断发展和营销手段的不断更新，短信营销已经成为一种新的营销模式。短信营销关键是内容和发送频率，只要内容够吸引人，发送频率适当，一般都会收到预期的效果。

## 案例100

### 深圳发展银行搭建新的短信服务体系

深圳发展银行结合银行现有的系统平台，搭建新的短信服务体系，为客户提供更高标准的服务，在减少运营费用的同时实现利润最大化。

选择最适合的合作伙伴是实现完美结果的基本保障。在经过大量的市场调研，并参考了同行业和相关行业的应用案例后，深圳发展银行领导班子将目光锁定国内最大的移动商务服务商"亿美软通"。该企业曾先后服务于谷歌、百度、腾讯、网易、HP、IBM、CISCO、诺基亚、联想、海尔、TCL、格力、招商银行、中国银行、交通银行等众多国内知名企事业单位。通过双方近一个月的接触，针对银行业应用系统独立封闭、数据信息要求绝对安全等特性，"亿美软通"提出了基于深圳发展银行现有业务应用系统的个性化定制方案。以深圳发展银行现有系统的数据库作为操作平台，将亿美DB-SDK短信应用引擎直接对接到该行现有业务应用系统的数据库上。

银行通过 DB–SDK 在数据库中创建发送表，银行将个性定制业务保存或导入数据库的发送表中，由 DB–SDK 直接提取表中的数据即可完成整个发送过程。这样一来，银行在操作的便捷性和资料的安全性上就有了极大的保障。DB–SDK 短信应用引擎的应用使银行无须花费单独的人力、物力资源进行管理，大幅降低了嵌入式产品的开发费用；同时，DB–SDK 短信应用引擎的独立性和灵活部署也可以保证银行原有系统业务的顺畅进行。

亿美 DB–SDK 短信应用引擎支持移动、联通、中国电信的全网发送，并对发送记录进行保存和标记，方便数据的统计。同时，亿美 DB–SDK 短信应用引擎还提供了短信发送状态功能，信息在发送完后会有相应的状态信息返回，可以随时查询成功、失败、没有待发短信等信息状态。当前，亿美软通 DB–SDK 最新版还提供了支持短信服务自主开启和停止、短信发送时间预设、网络预警、短信签名、超常短信的自动截取等功能。

## 案例 101

### 某银行柜面网银短信营销心得

我在柜面工作有三个多月了。柜员是银行的一线工作人员，是客户了解银行的门户，代表的是整个银行的形象。同时，我也是面对客户最多的人员，所以柜员的营销更为直接、有效。通俗点说，我们所谓的营销就是把我行好的产品推荐给需要的客户，为他们带来更便捷的服务。以下是我对于柜面的网银、短信营销工作的心得。

一是了解所营销的产品。我们需要全面地了解产品的用途，找到适合该产品的客户群。在面对客户的咨询时，做到应答自如，体现柜员的专业性。因为专业，营销才更有力度。我行网上银行内容丰富，功能多样。作为柜员的我们，在营销前必须要了解网银的内容、使用方法以及分析短信服务的好处。

二是要相信并且坚信我们的产品是优质的。只有我们坚定信念，才能使客户相信我们的推荐，愿意接受我们的建议。就我行的网银来说，一万元以下的网银交易，方便、快捷，并且是免费开通的，凭借这一点很容易引起客户的兴趣，尤其适合经常网购、办理小额转账业务的客户。在营销过程中，我们就需要用这样的自信感染客户。

三是把产品推荐给需要的客户。一个产品的价值体现在能够令更多的人使用上。客户使用网上银行交易不仅可以节省交易时间，更能省去在柜台排队的时间，同时自主操作更能满足客户的需求。而对于我行来说，客户使用网上银行，能够节省我行大量的人力、物力、财力。更重要的是，网上银行能宣传我行的企业文化，使客户更加直观地了解我行。这也是银行今后的发展趋势——无柜员银行。网银、ATM机等自助设备，能很好地分流客户，节省客户时间，提高我们的服务效率，同时节省更多资源。所以，我们有必要把网银推荐给会用、想用、需要用的客户，提高我行网银的交易量。我每次为客户开通网银后，都会提示客户登入银行官方网站，激活网银，强调其使用便捷的功能。如果我营销的这个客户真的使用了我行的网银，并且确实觉得方便，那么他便会对我行产生信任感，更有利于我们做其他产品的营销，甚至会推荐给他周围的朋友，这便形成了潜在客户。反之，他们就会抵触我行的任何产品。这种营销宁可不做，也不能让客户对我行产品产生反感。因此，把好的产品营销给需要的客户是非常重要的。

四是引导客户。有很多客户由于文化程度等各方面的原因不太会使用网银，但是内心却渴望网购。这时就需要我们的引导，让客户学会使用网上银行，学会操作网上购物。客户只要完成一笔成功交易，就会有成就感。而他的第一份网购成就感就是我们银行给予的。如此一来，他对我行的网银就会产生好感。

五是掌握营销技巧。现在柜面上最好营销的就是网银、短信。第一，一般网银、短信最好营销的对象是开户客户。对不同的客户营销产品的先后顺序也相应不同。如年轻人开户，就先问是否需要免费开通网上银行业务，可以上网转账、购物。对于这样的客户群，免费开通、网购是他们的吸引点，自然欣然接受。其次推荐短信，这个便要看客户的个人需求，如果账面流动量大，建议开通，保障账户安全，也能随时了解账户信息。如果是贷款客户或者是纯粹用于往来账的，就首先推荐使用短信提醒功能。这样的营销好处是确保你的第一次营销成功，使客户更加容易接受你的第二次推荐，同时也能给自己增加营销的信心。第二，网银、短信的营销不要局限于开户客户，还有一些潜在客户。前来办理转账业务，尤其是账户到账户业务的客户，可以大力推荐使用网银，既方便又快捷。有些客户是来补登折、交水电费、代发工资或者问是否到账的，可以推荐开通短信，这样就能非常清楚地了解账户的变动情况。要语气诚恳，从客户角度考虑，为客户着想。客户接受最好，不接受也不勉强。第三，尽量不要错过需要该产品的客户。对于一些年轻的"80后""90后"客户，即使是来办理存取款业务的，也可以问问是否开通了网上银行。也许客户正好有这样的需求，恰好柜员问及了，客户就会有兴趣办理。当然办理的操作还是要规范，身份证、本人开通的条件必须符合。对于一些少量的客户群，尤其是30多岁的人群，柜员根据自己的判断，再进行营销。

以上只是我个人在办理业务中总结的一点小小心得，跟各位同事相互沟通、交流。有什么不足之处，还需要大家相互指出，互相学习，共同进步，为邮储银行创造更美好的明天，努力奋斗。

案例 102

## 银行业短信营销解决方案

短信应用的范围已经逐渐由面向大众的移动增值服务向银行领域（当然也包括证券、交通、教育领域）扩展，成为银行不可或缺的客户服务工具和主动营销工具。具体的解决方案如下：

一是故障报警与人员调度。系统通过接口接收设备的故障信息及调度信息，直接通过短信平台发送短信通知给相应负责人，第一时间做出故障警报，最大限度地减少故障的影响。负责人可以通过短信平台下发调度指令给该区域或邻近区域的故障处理人员。

二是理财产品推荐。可以主动通过短信平台下发短信，向新、老客户群体推广、推荐新的金融理财产品。由于接收短信的用户中有一大部分是老客户，投资的倾向较高，此推广方法具有较高效率。

三是金融知识应答。客户可以发送短信到指定号码，索取相关理财产品、存款业务等金融信息的资料或专家建议。例如，客户发送短信到指定号码，通过业务流程处理，可以一步一步将客户引导至比较细化的问题："个人人民币银行结算账户和储蓄账户有什么分别？"平台会回复答案至客户手机："根据中国人民银行《人民币银行结算账户管理办法》的规定，活期存款账户分为个人人民币银行结算账户和储蓄账户两种……"

四是私人客户经理"一对一"服务。利用短信营销，私人客户经理可以通过自己的平台账号，同时和多个用户实现一对一交流互动。每个客户经理后面都有一组资深"投资顾问团队"，部分疑难问题可以通过短信平台提交给"投资顾问团队"，高效地解决客户疑问，提高服务满意度。

此外，短信营销还可以用于各种通知、公文、客户满意度调查、温馨提示、节日问候等。

银行业利用短信平台开发短信营销可以配合银行综合业务的开展，为客户提供更加方便、快捷、多渠道、贴身的金融服务，金融机构的客户通过短信服务业务，可以随时随地地了解自己账户的信息和账面变更等情况。

短信营销和其他的网络营销方法一样，营销的目的不是让用户看到广告，不是让用户讨厌，而是让用户慢慢地喜欢上你的广告，最后达成交易。营销，针对的是目标人群，不要看到人就营销，那样只会让人更讨厌。

# 第 35 计　网络营销

网络营销在对外促销方面的优势在于：快捷，只要一点击鼠标就可以获得所需要的信息；方便，不论是办公室还是家里，只要有电脑就可以；覆盖面广，在世界上任何一个角落都可以查询。现阶段网络营销的核心思想是通过合理利用互联网资源（如网络营销工具和方法等），实现网络营销信息的有效传递。

## 案例 103

### 中信银行网络营销案例分析

中信银行借助 2005 年 11 月更名之势，掀起了 2006 年整合营销传播的浪潮。一时间，CCTV 黄金时段 TVC、户外、平面媒体、网络、营业厅都在传递着同样的声音和视觉信息。中信银行网络营销的执行与应用有如下要点：

一是品牌推广。中信银行网络营销在做品牌推广时，除诉求"承诺于中，至认于信"和"支持的力量"等品牌核心价值之外，主要是利用中信银行在世界银行的排名、亚洲银行大奖、最佳外汇交易银行等殊荣，作为品牌价值的支撑。做品牌推广的时候，广告的展现数可能比点击数更为重要，这对于媒介计划的制定会有用。

二是产品推广。如果做网络营销，不做产品推广可是大错特错。网民在网络上很多时候是在低关心度地浏览,而且对于广告也从来不会主动去关心。因此,网络推广多结合具体的产品或服务,再加上出色的广告创意,才能得到满意的效果。在做产品推广时,点击率是中信银行追求的指标,显然中信银行希望用户能够进入客户的网站或者是专题页面进行详细的了解,并进行互动。

三是在线事件营销。2006年世界杯是媒体4年一遇的盛会,网络媒体也不例外。各大媒体都拿出最强的内容资源和媒体自身的推广资源来进行报道。中信理财宝卡赞助搜狐世界杯比分竞猜的活动,目的是利用网民和网站对世界杯这一事件的重视与关注,借力进行推广,取得了良好的效果。

四是在线品牌形象调查。这里充分利用网络媒体的特性,有针对性地取得网民对中信银行的品牌认知的关键属性。虽然在线调查无法取代常规的市场研究,但是在有限的研究范围内则是非常有效的。通过在线投票的方式来进行调查,快速获取网民的观点和意见,对中信银行从事多方面的营销活动都有帮助。例如,可以在线测试产品概念,测试广告创意,进行包装测试等,不但能得到比较客观的测试结果,而且可以逐步建立起相应的数据库。这也是网络营销的另一重要特点。

总之,通过本案可以看到,在中信银行2006年网络营销推广的过程中,利用网络媒体的特征,进行多角度、多方位的在线整合营销已经成为可能,而且随着网络媒体技术的不断进步,这种精确化的高端市场营销势必为广告主所青睐,并得以迅猛发展。

## 案例104

### 中国平安保险"2009我承诺"网络营销案例

如何在网络营销中有所突破,一直是金融企业关心的课题。中国平安保险策划以"三大承诺"为主题的一系列活动,从互动营销角度创造了网络营销新的神话。

  2009年4月2日，中国平安"2009我承诺"活动正式启动，拉开了全年互联网传播的序幕。以产险、寿险、银行"三大服务承诺"为传播核心，中国平安号召网友写下对"爱人、家庭、自己、社会"的承诺；通过对承诺的分类，触及不同网友对承诺的感知，从而实现对中国平安提出的"你的平安，我的承诺"的认同；在活动中特别设置"承诺天使"的制作环节，最终通过受众自发性的转发实现对"承诺"这一主题的扩散传播。此外，中国平安旗下平安寿险在活动期间配套进行"用心守护，承诺到家"的线下活动，通过填写客户信息与介绍回执，参与抽奖，就有机会在"天涯海角"许下对家人、爱人的承诺。

  2009年4月15日，平安设计开展的"承诺、爱心、圆梦"支教计划在创世奇迹的协助下正式上线。该活动针对爱心人士开放，受众在活动平台上获取该活动的详细信息，下载报名表格，提交，即有机会成为中国平安的支教志愿者。活动延续了中国平安历年的线下公益活动，全新线上平台的开放，更为中国平安"承诺"主题的传播增添了素材。

  2009年4月27日，中国平安展开了"承诺星空"活动，带动大众再次关注灾区，并用自己的行动为灾区奉献爱心——参与活动的受众用书写承诺的方式许下对灾区的祝福或援助承诺，而写下的承诺将化身"承诺星星"在"承诺星空"上搭建更多的希望小学，实现对社会和大众的承诺。

  "2009我承诺"的一系列网络互动营销活动，有效提升了中国平安在受众当中的品牌形象。其中，平安的品牌认知度提升幅度在20%左右；品牌偏好度提升幅度达到10%；"专业、价值、创新、可靠、社会责任"各项指标得分均有10%左右的显著增加。这三大承诺活动的开展，让用户得以深度认知中国平安的宣传核心，同时，网络互动营销为用户带来了生动的体验感与代入感，更有力地加强了宣传的效果。

## 案例 105

### 银行客户经理谈网络营销

我相信不少企业在网络营销中砸了很多钱而收效甚微,大多数企业在遇到这种情况时都会怀疑网络营销把自己骗了,根本就是一种没有效果的营销方式。我看过很多企业网站,往往他们的网站排名非常好,但是用户看过网站之后就关闭网页了。造成这种现象的原因一般是网站缺少营销因素,没有成功案例来说服客户,让客户相信自己。所以,企业只做一些关键词排名之类的,根本无法吸引客户的眼球,让客户与我们合作。

所谓案例,就是人们在生产生活当中所经历的、典型的、富有多种意义的事件陈述。它是人们有意截取的一段经历,人们常常把案例作为一种工具进行说服,进行思考,进行教育。那么,做网络营销该如何用自己公司的案例来打动准客户呢?其实方法很简单,只要我们做到真实,有感染力,让客户看到后能够产生兴趣和共鸣,这样的案例就达到效果了,成交也会顺理成章。客户刚接触你时,不免产生怀疑,不知道你的实力,通过这些案例可以清楚地解答客户对你的这些疑惑。这就是一个很好的例子,我们为何不借鉴呢?

我们可以把以前做过的成功案例展现在客户面前,展现的成功案例最好与此客户的行业相似甚至相同。可以列举一些比较大型的合作企业,衬托自己公司的能力。同时,我们还可以列举一些更难的成功案例,向他们证明我们的实力:更难解决的问题我们都能做,您的问题可以完全交给我们,请放心!

那么我们该如何去做成功案例呢?

一是养成搜集公司案例的习惯。如一个工厂,今天来了一个知名品牌公司参观谈合作,这个时候就可以照相或者摄影,将这些东西保存下来。这只是一点,其实对于企业来说,应该每天都会有不同的事情发生，记录重要事件，将会给企业带来一笔宝贵的"财富"。那么是用照片还是视频更有说服力呢？其实这个没有严格要求，根据不同的情况来决定，有的时候图片能够说明就用图片，有的时候视频能够更好地表达当然就选择视频。

二是合作之后及时整理成案例。就如一家企业和某家企业合作成功之后，给这家企业带来什么样的变化，自己的产品取得客户什么样的认可，等等，这些都可以整理成资料，当作公司的最好案例。自己说好，那不叫好；别人说好，才是真的好。相信我们的企业都有这样合作成功的客户，只是我们疏忽了这些，没有表现出来，这样也就导致用户进入我们的网站感受不到公司的实力。

三是从不同的方面来展示案例。搜集案例应该从员工、企业文化、合作客户评价、公司动态等多方面来进行。从不同的点说明自己的公司风采，让一位陌生的用户进入自己的网站能够很清楚地了解公司的一切。试想这样活生生的图片、视频、文字等展现到用户眼前，用户肯定会对公司产生信任。

网络营销就是这样，其根本就是社会化营销，把我们的成功案例放到网上，让更多的人知道，让更多的人对公司产生信任。所以，我们中小企业要学会借助别人来展示自己公司的实力，这是个不错的选择。好的案例能够让客户看到之后就立刻去咨询或者购买，如淘宝卖家在产品描述中列出了其他客户对自己产品的评价、销量等，都是在证明自己的产品好。做好网络营销，有时候并不是说方法有多重要，而是让更多的人知道我们的企业，让他们了解我们、相信我们，让我们在客户的心中形成一种权威。

**策略点评**

网络营销，就是以互联网为基础，利用数字化的信息和网络媒体的交互性来辅助实现营销目标的一种新型市场营销方式。它是企业整体营销战略的一个组成部分，是为实现企业总体经营目标所进行的，以互联网为基本手段营造网上经营环境的各种活动。其中，可以利用多种手段，如E-mail营销、博客与微博营销、网络广告营销、视频营销、媒体营销、竞价推广营销等。

# 第 36 计　公益营销

公益营销就是与公益组织合作，充分利用其权威性、公益性资源，搭建一个能让消费者认同的营销平台，促进市场销售的营销模式。做公益营销要以关心人的生存发展、社会进步为出发点，借助公益活动与消费者进行沟通，在产生公益效果的同时，使消费者对企业的产品或服务产生偏好，并由此提高品牌知名度和美誉度的营销行为。这个定义突出了公益营销的本质是"营销行为"，从而与单纯的慈善活动划清了界限。

## 案例 106

### 华夏银行以社会公益活动打造银行品牌

2014年6月，中国大运河项目"申遗"成功，我国历史上一项伟大的运河工程将作为全人类共同的文明遗产而令人仰望。国家文物局、新华社由此在10月26日发起"重访大运河"报道活动。作为发掘华夏古老文明的一条脉络，大运河不失为独特的文化线路，进而唤醒人们对大运河流域发展的回忆，同时也引起人们对古运河生态保护的关注。华夏银行是"重访大运河"活动的全程支持单位，活动在一个月的时间里穿越了8个省份20多个城市，横跨海河、黄河、淮河、长江和钱塘江5大水系，以文字、图片、电视、网络等全媒体形式进行报道，全景展示我国大运河的魅力和风采。

2014年11月7日,"重访大运河"全媒体融合报道团来到郑州,在华夏银行郑州分行举办了"运河金融"专题座谈会。据介绍,中原历史上的"隋唐运河"是中国大运河的重要组成部分,曾经运营了500多年,为后来的唐宋经济繁荣奠定了重要基础。宋代时的郑州就因"通济渠"而成为"商旅往返,船乘不绝"的交通枢纽。作为中华文明的发祥地,中原地区是多个朝代古都所在地,也促生了古代早期金融的发展雏形。郑州作为古代中华商业文明的重镇,也是今天中原金融业的集聚区。为了挖掘运河经济在历史商业文化中的作用,展望未来金融业的发展,"重访大运河"报道团队与河南省金融学会、华夏银行以及省会媒体就"运河金融"话题进行了探讨切磋。

在河南,华夏银行可以说是古运河沿线城镇经济以及中小企业发展的见证者与推动者,并一直秉承发展绿色经济、推动生态文明、坚定可持续发展的理念。这次参与"重返大运河"活动也是支持公益、担当社会责任的体现。

作为全国性股份制商业银行,华夏银行郑州分行成立两年多以来,坚持"与河南经济同发展,和中原人民共幸福"的信念,情系民生谋发展,鼎力支持省内大中型骨干企业做大做强,年内累计向省内企业提供各种信贷支持净投放267亿元,年内债券承销66.5亿元,银证投融通业务22亿元,结构化融资50亿元。同时,致力支持河南中小企业发展,坚守"中小企业金融服务商"的战略定位,共推出16个系列的特色小企业金融服务产品,并及时推出了"平台金融"业务模式及特色化"年审制贷款"。另外,创新个人业务产品提供快捷金融服务。华夏银行的高收益龙盈理财、信用卡"1元观影"、个人网银重重礼以及手机银行"0元抢快乐"等系列产品都让消费者分享了实惠。尤其是华夏ETC(高速公路不停车电子通行卡)免费赠送活动,让车主省时、省油、省费,充分体现了绿色出行和普惠金融的公益色彩,目前已成为华夏银行在中原大地上的一个标志性品牌产品。这些成就印证了华夏银行郑州分行"根植中原,报效河南"的信念。华夏银行的品牌随着此次"重访大运河"活动的足迹更加深入人心。

## 案例 107

### 中国银行北京某分行积极开展公益活动奉献爱心

2015年3月初,中国银行北京某支行与中华少年儿童慈善救助基金会联系,以救助偏僻贫困山区儿童开展爱心捐助活动为名,开展"奉献爱心,从我做起"衣物捐赠活动,号召全体员工收集闲置衣物。员工们积极行动,纷纷将家中衣物打包清点,仅用一周时间就收集了20余包衣物,其中大多数都是新衣。银行交给中华少年儿童慈善救助基金会,委托该基金会将衣物转交给需要帮助的人,让爱心得到传递。

这是中国银行北京市分行积极开展社会公益活动的缩影。长期以来,北京分行员工以"担当社会责任,做首都最好银行"为己任,在做好客户服务的同时,积极向社会奉献爱心。如房山支行携手房山区妇联,举办了以"益家筑梦,携手成长"为主题的家庭安全知识课堂活动,向社区居民讲解防范电信诈骗、抵制非法集资等金融安全知识;海淀支行组织员工及子女到北京动物园开展"保护环境,爱护小动物"的公益活动,宣传绿色生活、低碳出行等环保概念,提醒公众增强环保意识,爱护公共环境。

## 案例 108

### 建设银行某支行组织员工参与"为爱同行"公益活动

2015年10月31日,在蒙蒙细雨中,建设银行某支行员工开始了"为爱同行"的公益活动。8点,准时放飞气球,气球带着大家的希望飞向天空,也开始了"为爱同行"之旅。

"为爱同行"其实是一个公益体验和户外徒步相结合的公益活动。活动通过团队组队在规定时间内完成户外徒步的目标,在推广公益理念的同时筹集善款,在行动中践行"尽我所能,人人公益"的理念。

活动全程36千米,原本以为不可能完成的挑战,在大家的相互鼓劲加油中,最后也完成了。既超越了自我,又满载着感动。在行走的途中,尽管风吹雨淋、路途泥泞,也没有一个人叫苦叫累,都默默坚持下来了。为爱同行,路在脚下伸向无尽的远方,汗水浸透了身体,却让勇气滋长。为爱同行,你、我用行动改善贫困地区儿童的生活状况,让爱传递,我们在路上。

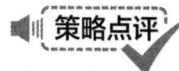

在各类媒体硬性广告宣传效能逐步降低的营销大环境下,银行也不免需要在营销创新上下功夫才行。事实证明,能够与社会建立起良好生态关系的企业,才能让自己的品牌更深入人心。而公益营销这种极具亲和力的感性营销方式自然而然地成了客户与银行间沟通的桥梁。

# 参考资料来源

[1] 石磊. 商战奇谋三十六计［M］. 新华出版社，2009 – 01 – 01.

[2] 黄甫林. 三十六计［M］. 南方日报出版社，2012.

[3]《线装经典》编委会. 线装经典 – 三十六计［M］. 晨光出版社，2014 – 09 – 01.

[4] 安贺新，张宏彦. 商业银行营销案例评析［M］. 清华大学出版社，2015 – 07 – 01.

[5] 郝渊晓. 商业银行营销管理学［M］. 科学出版社，2016 – 09 – 01.

[6] 资料网络来源：百度、搜狗、新浪、梅花网、红商网、虎嗅网等最新资讯。

# 后　记

本书完稿之际，"三十六计"有一个观点一直萦绕脑海。这是一个富有智慧的见解：一个智者，他能目光远大，不会因小失大。从 36 个计谋的理论和运用情况我们也不难看出，真正的才略绝不是贪近利而忽略大计远略的小聪明，而是既要面面关顾，又能大刀阔斧地兴利除弊；既"老谋深算"，又能不拘于习惯形式。

其实，用这个观点来理解银行社区营销，将带给我们一个新的认识。从根本上说，银行社区营销是一个持续的过程，需要持之以恒地坚持下去。从某种意义上说，有了时间的积累也许才能收到更好的效果。因此，银行做社区营销不能只是为了一时的利益，而是要立足长远，做好老客户的维护并积极开发新客户，只有这样，分行及网点的业绩才能提升，形象才能树立起来，总行的品牌也才能深入人心并产生持久的力量。

# 作者主导的咨询项目及培训

## 一、主要培训课程

- 《片区客户的维护与跟进》
- 《片区开发管理人员技能提升》
- 《片区开发实战与营销技能》
- 《网点的营销策划、实施与组织技巧》
- 《网点客户经理外拓营销技能提升》
- 《社区银行负责人管理技能提升》
- 《大堂经理的综合能力提升与投诉处理技巧》
- 《商户开发及后续跟进与维护策略》
- 《邮政代理金融业务外拓人员岗位素质与营销技能提升》
- 《邮政代理金融O2O应用及产能提升策略》
- 《决胜2018——社群营销引爆产能》

## 二、部分客户名单

- 2008年参与山西中行网点转型项目
- 2010年参与浙江中行网点转型项目
- 2011年参与河南建行网点转型项目
- 中国邮政集团公司代理业务部
- 中国邮政集团公司下属全国20多家省公司，近百家市公司

- 中国邮政储蓄银行总行
- 中国邮政储蓄银行广东、福建、黑龙江等省分行
- 中信银行总行及30多家分行
- 桂林银行总行及多家分行
- 光大银行多家分行
- 民生银行多家分行
- 中国工商银行多家分行
- 中国建设银行多家分行
- 中国农业银行多家分行
- 中国银行多家分行
- 浦发银行总行及多家分行
- 交通银行北京分行
- 招商银行多家分行
- 兴业银行多家分行
- 江西银行总行
- 九江银行总行
- 山西长子农商行总行
- 广州农村商业银行总行
- 顺德农商行总行
- 齐商银行总行、西安分行
- 富滇银行总行
- 包商银行深圳分行
- 瑞丰银行总行
- 东莞农商行总行
- 攀枝花市商业银行成都分行
- ……